新

全新插畫版

知っておきたい「食」の世界史

餐桌上的世界史

宮崎正勝 著

陳柏瑤 譯

前言

餐桌就是小型的大劇場

我們的餐桌貫穿著世界史，這句話聽來或許有些誇張，因為料理中既有家庭風味、也有地方風味，不免令人懷疑能否歸納進所謂「世界」的龐大框架。不過，在人類史長達五百萬年的漫長歲月累積中，經過反覆不絕的飲食交流、風味發現，造就了現今的「飲食世界」，卻也是不爭的事實。

尤其，當今正處於世界各地的飲食文化快速交流，並混合交融於餐桌的時代。透過盤據地球表面、所謂低溫物流系統的幹線通路，世界各地的食材紛紛流進了家庭的冰箱。於是，冷凍、冷藏庫變成「哆啦A夢的口袋」，餐桌則化身世界各地食材競相演出的大劇場。

據說人的一生吃下的食糧約計五十噸，種類極其繁複。觀察超市或百貨公司的食品賣場即能一目了然，那裡整齊排列、標示著來自世界各地的食材。若再仔細追尋蔬菜的根源則更是多采多姿，例如紅蘿蔔是來自中亞、菠菜來自伊朗、蠶豆與番茄來自地中海沿岸、番茄與青椒來自南美。其實餐桌上每日出現的食材、料理，都猶如演員、主角般上演著世界史。

不斷擴展的飲食

「料理」這個詞彙在《廣辭苑（日本的辭海）》中的解釋是「評估處理」。也就是從眾多的食材、調味料中，依據經驗、智慧而「評估」出最適合的搭配組合，並擁有實踐完成之「技術」。換言之，也有「配製食物」之意。當然食材愈豐富，料理的可能性也愈加寬廣。

搭配食材、調味料、辛香料，再佐以「燒」、「煮」、「蒸」、「炒」、「發酵」等烹調法，撇開個人主觀的「好吃」或「難吃」不論，理論上據說可變化出數十萬種的料理。料理是一種模仿與創造的行為，如同西元十九世紀的法國美食家布里亞．薩瓦蘭（Jean Anthelme Brillat-Savarin）所言：「牲畜吃飼料，人吃飯，只有聰明人才懂得進餐的藝術。」料理也是一種文化的行為，而美味就存在其微妙的調和之間。

回顧歷史，不禁令人訝異人類追求美味之貪欲，而且如今那貪欲卻尤甚於前。過去，古埃及人以食物強灌入水鳥的嘴，以取得肝醬；巴比倫時期的富裕人家利用母豬，挖掘散發著與公豬費洛蒙相同氣味的松露；古羅馬時期的人們視狗魚的肝、孔雀的腦、紅鶴的舌頭等為珍味美食。如此說來，貪欲堪稱是創造風味的基礎、擴大飲食世界版圖的原動力。再仔細想想，僅藉食材的搭配組合卻得以創造出難以憑空想像的風味，這件事本身就非常神祕了。

飲食世界史的四幕

讓食材得以登上餐桌這個劇場的，當然是人類。在長達五百萬年的歷史中，人類社會不時出現巨大的轉變，隨著那些轉變又衍生出嶄新的食材圈。若能了解各食材何時、又是如何呈現在人們面前，即能透過餐桌深入理解歷史。食譜若是餐桌上演出的料理之劇本，那麼人類早已累積數量龐大的食譜配方了。至於如何安排餐桌日日上演的戲碼，則仍掌握在身為劇院老闆的我們手裡，無論是古典劇也好、現代劇也好，食譜配方已是一應俱全了。

在餐桌上演的飲食劇場中，食材與料理法的組合則是關鍵。若深究長達五百萬年的人類歷史與「飲食」之間的關聯性，可依社會變化區分出四個劃時代的時期，從各個不同時期的變化中又衍生出嶄新的食材及料理圈。而四個劃時代的時期則分別是：

（一）約一萬年前的農業革命
（二）西元十五～十六世紀的大航海時代
（三）西元十八世紀後期開始的工業革命
（四）西元二十世紀後期開始的科技革命

第一幕 穀物與容器的出現

人類在約五百萬年前的東非大裂谷地帶出現蹤跡後，經過漫長的歲月才終於遍佈地球。占據了人類史百分之九十九點九以上的狩獵及採集時代，是以循環的大自然作為人類的食糧倉庫。由於全盤依賴風土，此時期的飲食生活也隨地域而有所差異。因此住在哪裡，也決定了所有的一切。

然而，約一萬年前出現了農耕及畜牧後，人類開始攝取特定的穀物、獸肉、乳製品等，攜手朝向飲食的統一與安定化。加上堅硬的穀物利於長年累月的貯存，也讓人們的飲食生活有了嶄新的突破。

不過，欲食用堅硬的穀物種子，則必須擁有柔軟穀粒的技術。因此人類發明了可烹煮穀物種子的簡單道具、土器（壺）。因應土器發明所衍生的料理法之變革，則稱之為「料理革命」。料理方法有三種：

一、生食

二、加熱

三、發酵

然而隨著土器的發明，更加擴充「加熱」的部分。土器可以製作出柔軟的食物與湯汁，對人類味覺的進化上有著極大的貢獻。土器的發明也促使「料理革命」與「農業革命」合而為一，因而被視同「飲食的第一次革命」。

而後，在兩千五百年前至兩千年前期間各地出現的巨大帝國之支配下，隨著各地域的食材開發、交流與料理的系統化，終於形成了各自獨特的料理圈。儘管如此，藉由草原、絲路、海路，歐亞大陸仍持續進行著飲食的匯流。

第二幕　大西洋——食的迴廊

接續而來的轉機，則是西元十五～十六世紀的「大航海時代」。「新、舊兩大陸」之間的食材交換，引發了地球規模級的生態系變化，人類的飲食文化也出現巨大的變貌。而這場「新、舊兩大陸」的食材交流與動植物分布大變動（又稱為「哥倫布大交換」），則是所謂的「飲食的第二次革命」。從此「舊大陸」開始廣泛栽培玉蜀黍、馬鈴薯、甘藷、番茄等，而「新大陸」則成為歐洲的巨大食糧倉。

西元十七、十八世紀，英國、法國在加勒比海諸島大規模栽培甘蔗，促使砂糖的大眾化，而後砂糖又與中國的紅茶、伊斯蘭圈的咖啡產生連結，造就了世界各地飲食的結合。這也就是砂糖所引爆的「餐桌革命」，也使得過度使用砂糖的飲食文化仍持續至今日，也因此，砂糖的生產量始終遠超過各種穀物。

第三幕　遏制腐敗

而後，開創劃時代的則是「工業革命」。起於英國的工業革命（西元一七六〇年代），促使都市轉變為「生產的場所」、並朝向世界級規模的都市發展。對於無能生產所需糧食的都市居民來說，食糧的供給頓時成為重要的課題。一旦難以滿足所需，嶄新的社會體系也難以維持下去。於是，為了運送大量食材至都市的「交通革命」、遏止食材腐敗的技術開發、食品加工的產業化皆醞釀發展。另外，聚集了世界食材的歐洲諸都市在追求美食之餘，也帶動了餐廳的普及。這些種種的變化，正是「飲食的第三次革命」。所衍生的結果是，世界人口在西元十七世紀約六億人，西元一八五〇年約十二億人，西元一九五〇年則激增至約二十四億人。

第四幕　冷凍食品巡迴地球

二十世紀後期，在「科技革命」的推波助瀾下，一舉朝向經濟全球化邁進。來到飲食的世界，食品的低溫處理技術與世界規模的低溫物流系統之形成、汽車的普及、船舶大型化、貨櫃運輸、以及超市的大量販售方式，皆促使引發了「流通革命」。就連餐桌也掀起了全球化，足堪稱是「飲食的第四革命」。其結果是世界人口激增，西元一九五〇年約為二十四億人口數，現在則超過了六十億人。

速食化的浪潮

此時，餐桌上的世界史逐漸加快了變化的步調。延續了西元十九世紀的飲食變革，二十世紀後期則迅速朝向速食（fast food）化邁進。所謂的速食，是指在店家點餐後能在極短時間內享用得到的飲食，但也造成擺上餐桌的食品逐漸趨向僅需解凍、加熱半成品的簡便化。

其實速食的歷史悠久，據說早在西元七九年、在被維蘇威火山爆發的火山灰所掩埋的羅馬帝國都市龐貝城，已有販售簡餐或紅酒調酒的商店。不過，目前餐桌所面臨的最大問題，則是飲食文化的全面速食化。儘管便利是速食所帶來的優點，但被視為商品而遭到簡便化的飲食文化，隨著所謂「液體糖果」的無酒精飲料之流行蔓延、過度攝取量少卻高卡路里的食材、營養均衡的失調，也衍生出肥胖年輕化，慢性生活習慣病增加等社會問題。漢堡、薯條或甜甜圈等僅為求飽足感而不宜過食的食物，被稱之為「junk food（垃圾食物）」，與無酒精飲料一樣，攝取過量恐有危機。

緩慢就是美麗（Slow Is Beautiful）

在此速食潮流中，西元一九八六年義大利皮埃蒙特（Piemonte）的布拉（Bra）小鎮發起了慢食運動，並在短時間內擴及全世界。其實也說明人們對於以「快速」、「便利」為訴求的飲食規格化現象，懷有危機意識與反感。慢食運動，主張維護家庭風味、地域性的傳統食材與風味、細膩優雅的味覺、傳統食材的生產等，並認為有必要守護孕育人類歷史的飲食文化。

餐桌上每日的料理與食材，猶如人類歷史的重演。例如享用牡蠣這道前菜之際，想像西元前一世紀的古羅馬藉著溫水池養殖牡蠣、或思考牡蠣料理專用的小叉之誕生經緯、或從牡蠣沾醬開始思索番茄與東南亞起源的番茄醬之連結過程、還有起源於印度東北部的檸檬又是如何傳播至歐洲。如此在享受餐桌上所重現的飲食軌跡之時，必能與慢食有所連結，也必能找回既有的飲食文化。

第一章　孕育人類的大自然食糧倉

1　挑戰逐漸腐敗的食材

腐敗是料理之母？

在狩獵及採集時代，所謂的飲食文化，就是取自周而復始不斷循環的大自然。親身體驗且理解到大自然恩惠的人們，以自然界的互酬（施與受）關係為行動之原則，一切生活的根基是懷著敬仰自然之心。若以日本的阿伊努人為例說明，應該更容易理解。他們認為，是神披著動物的獸皮為人們帶來肉食。狩獵的高手不是因為技術精湛，而是擁有堅厚的信仰之心，那獵人的箭才得以刺穿了神。他們相信，不是有能力的人類才能獲得食物，是自然賜予人類食物。

科學萬能的十九世紀以後，人類的「Sense of Wonder（為大自然而感動的心）」衰微，逐漸視自然為「開發（破壞）」的對象。回首過去的一百年間，人類一頭熱地追求食糧的「生產」與「分配」，直到現在才終能回頭認識循環型經濟、再生的意義，並再度檢視食糧的消費型態（料理）、排泄的型態（廢棄物處理）。

「料理」，是食糧的「消費」模式，也是文化的根基。在食糧獲得必須受限於季節的狩獵及採集社會，如何防止食材的腐敗、開發足以與時間抗衡的「維持食材風味」之方法，成為「消費」時的最大考驗。人們與腐食之間的拉鋸、與惡劣化風味之間的對決，也因而衍生出各式各樣的料理方法。腐敗，實可謂料理之母，不過也許反之亦然。

生食與庖刀文化

飲食文化的基礎，是生食從自然的食糧庫所獲得的「旬（當季）」食材，也是長久以來狩獵及採集時代所形成的飲食型態。也因此使季節的輪迴搬上了餐桌。日本列島以除去澀味的橡實為主食的飲食文化，儘管在漫長歲月中逐漸變化，但部分地區仍保留著以橡實做成的糕點。在餐桌這個日益求變的劇場，其實人們仍以其他形式保存著古老的飲食文化。例如，如今被視為高級食材的百合根，曾是日本阿伊努人的主食。阿伊努人將秋季捕獲的鮭魚切細後曬乾，變成所謂「冬葉（toba）」的貯藏食，並開發了「ruibe」的技術，利用冬季的嚴寒冰凍魚後再食用。這些食材、料理法至今仍留存在北海道。

擁有富饒自然的日本列島，是世界上少有仍保存狩獵及採集時代飲食文化的地域。享有來自大海、河川、湖泊、深山的「海產」、「山產」的日本人，對於季節性的「旬（當季）」食材始終抱持著纖細的感性。由於處處險峻的山岳阻礙了食材的流通，卻也形成人們得以享受各地區各自不同的節令、當季新鮮食材的樂趣。新鮮食材猶如是青春期的青少年，不需要掩飾肌膚衰老的過度裝飾，換句話說，料理的必要性也微乎其微。因此，日本料理與以加熱為主的中國料理或法國料理截然不同，是以生食為主軸。

在日本料理中，可以精準且完美分割「旬（當季）」食材的庖刀，是最重要的調理工具。能否因應各種食材的特色，精準完美予以切割，也被視為日本料理之精髓。以鋒利的單刃庖刀為主的庖刀，其種類多達四十種至五十種左右。在勾勒出日本料理雛型的室町時代，甚至出現過稱為「庖刀人」的料理人，他們在宴席中身著烏紗帽、制服，並依襲技法當場切割出魚肉或鳥肉擺放在「砧板」上。也因此，日本的料理文化，可以說就是「庖刀文化」。

另外，在日本意指當季食材的「旬」這個漢字，其實是源於古代中國的殷（西元前十七世紀前期～前十一世紀），當時的「旬」是十日為一週期之意。而後又衍生出「上旬」、「下旬」的詞彙，並廣泛沿用至今。

殷人認為太陽共有十個，輪流交替從地底升起、照耀天際。每個太陽分別名為甲、乙、丙、丁……癸，謂之「十干」。在新的太陽開始循環前，殷王會焚燒獸骨以占卜新「旬」的吉凶。那些被刻在獸骨的占卜，則是漢字的起源——甲骨文。「旬」象徵的就是分節化的循環時間，也是一種「生活的單位」。

古代中國的儀式流傳到日本後，日本天皇取每月的一日、十一日、二十一日及十六日，在宮廷的紫宸殿舉行酒宴，並藉此聽取臣下的意見，此習慣又稱為「旬儀」。由於此時天皇會將進貢得到的當令物品分贈給臣下，因而也以「旬」稱呼當季的新鮮食材。「旬」，實可說是解讀日本飲食文化之特色的關鍵。

柏拉圖曾以「圍繞著池塘的青蛙」比喻在愛琴海沿岸建造諸城邦的古希臘人，其實古希臘人也對「旬」敏感且感性。另外，也是美食主義者的哲學家亞里斯多德還曾寫下，鯛魚最美味的「旬」是春季、章魚的「旬」則是秋季至冬季。

鮨與壽司

狩獵及採集社會的飲食，所面臨的最大問題是如何抑制腐敗、延長食材的壽命。即使開始農業之後，副食獲取的方式仍未轉變，世界各地皆以鹽、醋等變化出不同的食材保存法。也就是說，人類在進入農業社會後仍延續著狩獵及採集社會的生活型態，必須善用乾燥、發酵等方法以延長未烹調的生食材之壽命。若以內陸性強且已遠離「生食」的中國、以及無法脫離「生食」的日本為例，就能觀察出食品保存法的遷移變化。

古代的中國，是以鹽漬「生魚」或「生肉」的方式保存食物。魚貝類或肉混上鹽醃漬，可以促使其自然發酵。戰國時代至漢朝（西元前五世紀至三世紀）期間，盛行「鮨」的鹽漬魚、以及「醢」的鹽漬肉。另外，「鮨」這個漢字在日本是「壽司」的意思，不過原指的是鹽漬過的魚。

漢朝（西元前二〇二～西元二二〇年），由於江南的米作物興盛，米的發酵也運用在食品的保存上。肉、魚混上鹽、米飯，再經過三個月至一年的發酵，就變成了「熟壽司」。「膾」、「鱠」是細切的生肉或生魚，或指浸泡在醋裡的生肉絲及生魚肉絲。此時，利用醋酸菌發酵所製成的「醋」，也開始廣泛使用在食品的保存上。

在歐洲，也同樣利用具有殺菌力、防腐力的鹽或醋保存食品。其中除了眾所皆

| 熟壽司 |

肉、魚混上鹽、米飯，再經過三個月至一年的發酵，就變成了熟壽司。

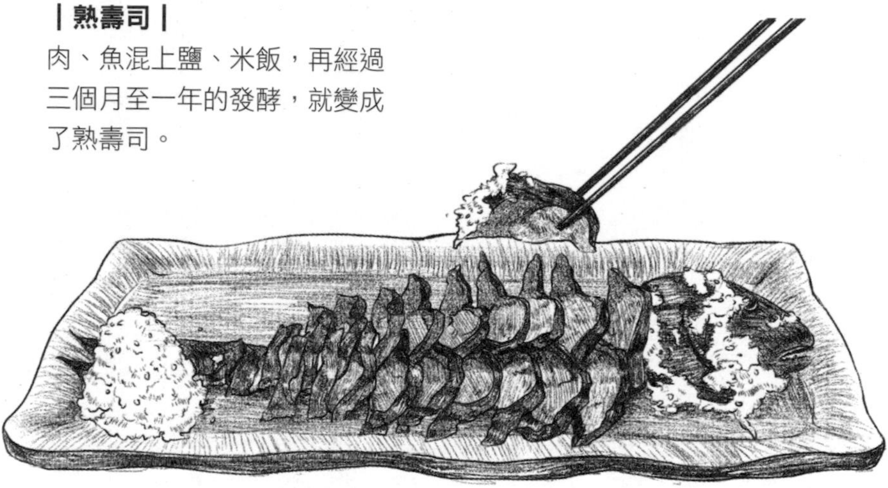

知的鹽之外，還有葡萄酒所釀製的醋。英語的醋是「vinegar」，是法語的「葡萄酒（vin）」與「酸的（aigre）」所結合的字彙。由此可知，醋其實就是酸掉的葡萄酒。

針對壽司的源起，中國料理研究家篠田統認為是「過去東南亞山地民族的料理法，否則即是一種利用米貯藏河魚或鳥獸肉的方法」，因而推測利用稻米的「醋漬」法，其實是從雲南傳至了中國及日本。也因此，醋漬食材的保存技術與稻米，皆傳承自遠古的時代。日本自古以來，即有生食獸肉絲或魚肉絲的習慣，此料裡稱為奈萬須。現在的日本，蘿蔔絲、紅蘿蔔絲等混上三杯醋（混合了醋、醬油、砂糖的調味料）或胡麻醋或味噌醋的料理，也稱為奈萬須。過去，奈萬須也寫成「膾」、「鱠」的漢字。由「膾」的肉字旁可知原是肉的料理，若是魚的料理則寫成「鱠」字。在過去，蔬菜充其量僅是肉或魚的配料，但如今也演變為全是蔬菜的「膾」了。另外，韓國料理的「生拌牛肉絲」也寫成「肉膾」。

在中國，所謂的「懲羹吹齏（膾）」或「膾炙人口」，都是使用了「膾」字的成語。「羹」指的是熱湯，「炙」是烤肉，「膾」是切細的肉或魚肉、或是醋漬過的肉類。

古代的中國，慣於一同享用肉絲（膾）與熱湯（羹），因而有了「懲羹吹齏（膾）」的說法，意味著「一次失敗的前因，卻從此矯枉過正」。再者，由於肉絲與烤肉深受人們喜愛，於是有了「膾炙人口」以形容「深為人們所讚賞而廣為流傳之事物」。

不過中國的生食文化，在宋朝至元朝期間起了戲劇性的變化。直到唐朝，生肉的膾仍深受人們所喜愛，然而來到宋朝至南宋期間開始盛行醋魚，也就是以鹽等醃漬、發酵過的魚。

過去的唐朝，由於河魚之王「鯉魚」與皇帝的「李」姓諧音，曾禁止食用，但時至宋朝已百無禁忌。當時首都開封就位在河川的交易要衝，河魚容易取得，華南吃魚的飲食習慣也逐漸影響中國各地，因而造就醋魚的盛行。不過，在蒙古人征服中國、建立元帝國後，由於游牧的蒙古人不吃魚，醋魚也隨即沒落。

隨著稻作「熟壽司」也傳至了日本，據推測由於西日本稱酸物為「sui」，酸的飯就變成了「酸飯（sushi）」，而後又為「鮨」的漢字所取代。日本既保留了傳統食品保存技術的醋飯，卻又發展出其獨特的「生食」。

擁有豐富魚資源的日本直到室町時代中期，生的魚、也就是所謂的「生魚片（切得比膾還厚）」都是沾煎酒（酒添加酸梅等所釀煮的調味料）食用。當時，還有以發酵帶酸味的米飯混上近似生的魚，又稱為「生成（半生不熟的意思）」的料理。

醬油普及的江戶時代，無論是「生魚片」或「壽司」都起了演進變化，更近似現在的生魚片、壽司。生魚片等食材搭配上醋飯的「握壽司」，始於文政年間（西元一八一八～一八三〇年）兩國的華屋與兵衛，是使用江戶近海捕獲的新鮮價廉的魚所做成的速食料理。當時的握壽司是佐上山葵，並沾醬油食用。於是，從此脫離了鹽或醋的生食也更加洗練，而透過生魚片或壽司的演化定型過程，也足以說明日本自然環境的得天獨厚與日本料理的特異性。

2 從大地與海洋中尋找調味料

味覺的媒介、調味料

自然界的野生蔬菜、肉、魚等，各有其特殊的氣味、風味或澀味，也因而讓調合所有食材之味道變得困難。畢竟光憑食材，終究無法描摹出美味的味道。為引釋出食材所擁有的風味，就必須求助於調味料以調和料理的味道（「調味」），或協助食材的貯存。人類的舌頭為了尋求風味上的調和，也逐漸發掘出特殊的食材。例如以描繪韓國宮女而贏得眾多觀眾喜愛的連續劇《大長今》，劇中也出現了令人印象深刻的一幕，韓尚宮教導大長今：「料理就是畫出味道的能力」。但若無鹽、胡椒等調味料，恐怕也難以畫出美好的味道。說穿了，調味料才是餐桌劇場上最優秀的表演總監。

調味料也與味覺的進化有著極深切的關係，隨著時代的演進數量有增無減，直至今日仍持續增加中。的確，能畫出味道、能演繹出風味上微妙均衡的就是調味料。

味覺可分為鹹味、酸味、甜味、辣味，其中又以鹹味、甜味為最基本的味道。在日本料理中，「調味的さしすせそ[1]」的口訣說明了調味料的添加順序，也就是砂糖（さ）—鹽（し）—醋（す）—醬油（せ）—味噌（そ）之先後順序。所以在調味時，甜味與鹹味是最優先的。

人類在反覆勉為其難吃下難以下嚥的食物之過程中，逐漸累積有關調味料的知識。也歸功於那些察覺到調味料足以改變食物風味的人們，憑藉著描摹味道的調味料作為媒介，人類才得以不斷探索自然界的食材。調味料的摸索過程，其實又是一段漫長的歷史。

1　譯註：取自各調味料的日語名稱中的某個字，也正是五十音さ行的順序。

蜂蜜與蜜月

對人類來說，甜蜜是充滿魅惑的味覺。然而在自然界，甜蜜的風味卻又極為稀少，因此，砂糖的普及無疑為飲食文化掀起了革命。

直至現在，砂糖原料的甘蔗、甜菜（beet）之年生產量共超過十五億噸，遠比稻米與小麥的生產量還多。由此也可看出，「甜」這個味道在味覺世界裡所居的地位。

甘蔗所製成的砂糖（曾經又稱為「草之蜜」）普及之前，又以蜜蜂為養育幼蟲、過冬所儲存的蜂蜜為最珍貴的甜味調味料。幾乎都是糖分的蜂蜜，如古羅馬詩人維吉爾所描述：「上天賜予的甘露」，無疑是自然界的奇蹟。世界上的蜜蜂種類多達十萬種，是一種隨處可見的昆蟲。一個巢穴裡約有三萬至六萬隻左右辛勤工作的蜜蜂，在它們僅限的六星期生存期，為了「品種的延續」而不斷收集花蜜。人類在品嘗蜂蜜而沉浸幸福的同時，彷彿也是殘忍地對待蜜蜂的心血。古老以前，人類就已明白黃金色蜂蜜的滋味。因為約一萬年前所描繪的西班牙岩壁畫中，即出現人類從野生蜂巢採集蜂蜜的圖繪。

蜜蜂採集花蜜的植物種類愈多，蜂蜜也愈顯豐富多樣，不過淡色的蜂蜜較濃色的更屬上乘。由於種類多樣，也更增添了蜂蜜的神祕性。蜂蜜含有的成份中，百分之七十以上是人體易吸收且營養價值高的果糖、葡萄糖，另外也含有澱粉糖化酵素、維生素B1。一公斤蜂蜜的熱量，甚至高達二百九十四千卡。無論在過去或現在，蜂蜜的效用與稀少性，始終被歸類為更優於砂糖的甜味調味料。

長久以來，蜂蜜即被視為「不死」的象徵，即使現在，人們對於蜂王乳也留有那般的印象。美索不達米亞文明、克里特文明時代，蜂蜜被視為在死後世界仍可吃的珍貴食物。因此擁有鮮少享用得到的蜂蜜，也變成身分地位的彰顯。古埃及文明時代，蜂蜜被認為是神聖的食物，僅有法老王與神官得以享有上等的蜂蜜，據說拉美西斯三世時（西元前十二世紀），神殿裡共有三萬一千九十二個壺、約十五噸的蜂蜜。古代的中國，蜂蜜也是評價甚高的甜味調味料，《禮記》記載，孩子以棗、栗、糖、蜜奉養父母，謂之孝行。而在美洲大陸建立起最古老的馬雅文明的馬雅人，當時已具有養蜂的技術。

時代往後演進，即使是中世紀的歐洲，蜂蜜依舊是貴重的食材。據說，日耳曼人在婚後的一個月會努力飲用蜂蜜發酵製成的酒，以備懷孕生子，而這也是新婚旅行或新婚休假的蜜月（Honeymoom）之由來。法蘭克王國的查理曼大帝（Charlemagne）（西元七四二～八一四年）則獎勵人民養蜂，不過收獲得來的蜂蜜的三分之二、蜜蠟的三分之一必須作為稅收。據說當時，稍微富裕的家庭必飼養蜜蜂。

醬汁與沙拉的字源是鹽

鹽是最具代表性的調味料，並廣泛使用在調味醃漬等食品保存（防止腐敗）、或發酵調整、傷口消毒等各方面。從其廣用性不難看出，鹽是生活上不可或缺的食品，也是「生命之糧」。直至今日，全世界每年仍製造生產出兩億噸以上的鹽，在食材的生產量中位居第八位。由於一公升的海水含有約三十公克的鹽，所以就目前來說，鹽並不是昂貴的食材。

因生肉含有鈉等豐富的礦物質，在多食動物生肉的時代，鹽並不是那麼重要的必需品。然而在穀物成為主食之後，生活中鹽分的攝取即變得不可或缺了。文明必然建立在得以取得鹽的地方，因此，建立在歐亞、非洲大陸的大乾燥地帶的四大文明，如何確保生理上不可缺的鹽曾是亟需面臨的最大課題。《新約聖經》的馬太福音有段著名的記述：「你們是地上的鹽，鹽若失了味，用什麼來使它再變鹹呢？它一無用處，只好扔在外邊，任人踐踏。」由此也不難看出，人們視鹽為大地的能量、大地的風味。

鹽的製造方法，從美索不達米亞又傳至了埃及、古希臘、古羅馬。在古希臘，鹽具有人們生活中不可或缺、「必須共同擁有」之意義，因此也象徵友情及款待；再加上其「風味始終不變」的特性，也被認為是約定時的象徵物。

西元前九世紀的詩人荷馬曾說：「鹽是神聖的」，的確，鹽在希臘也作為淨化之用，例如灑向祭神的動物的頭部。希臘的人們偏好食用章魚或魚類，在那個尚無冷藏技術的時代，鹽成為運送海鮮至遠離漁港的地區時不可缺少的防腐劑。在古代的中國也以鹽貯存獸肉，那是一種類似火腿的加工食品。

猶太人認為鹽擁有不變的特性，象徵神與人、人與人之間的約定。《舊約聖經》中的「以鹽之聖約」，意味著藉由一同攝取鹽而衍生更深的信賴關係。由「凡獻為素祭的供物，都要用鹽調和」（利未記2：13）這段記述，即可窺知鹽是神聖的象徵。

在環海的日本，也認為鹽是能洗去汙穢的海水之化身，所以是祭神的供品。神壇上供奉著米、水以及鹽的習俗也是源於此，相撲比賽時的灑鹽，或喪禮後歸來的以鹽淨身，也是基於此習俗所流傳下來的規矩。

醬汁、醃肉腸、沙拉也與鹽有著密切的關係。提到法國料理的精粹，不免要提到醬汁，醬汁的字源即是拉丁語的鹽（sal）。英國或美國的飲食習慣，餐桌上必放置著鹽，各人可依喜好調味。就此環節看來，似乎與偏重醬汁的法國料理完全不同，但其實彼此的原點卻是相同的。法國料理的醬汁（sauce），讓鹽（sal）得以不再受到侷限，是鹽衍生、昇華之物。

牛或豬或羊的腸裡塞滿鹽醃過的豬、羊、牛等碎絞肉，再予以湯煮、煙燻、乾燥就變成了醃肉腸。醃肉腸使用的碎肉，原是製作火腿或培根後所剩下的肉。醃肉腸的英語是sausage，源自拉丁語的鹽漬肉salsus，而這個字也是源於sal。同樣地，也是莎樂美醃肉腸（Salami Sausage）中salami的字源。另外，豬後腿鹽漬過後再予以醃燻、湯煮後即是火腿，火腿（ham）的字源則是「豬的腿肉」。

以生鮮蔬菜為主（有時也會添加肉、魚貝、蛋再混上佐醬（dressing））的沙拉（法文是salade），其字源也是sal，也與鹽的淵源深厚。過去的希臘、羅馬，因生鮮蔬菜是佐鹽食用，遂得其名。近來百貨公司的美食廣場紛紛販售來自各產地的鹽，而鹽也的確具有支撐起飲食文化的重要地位。在日本，料理的鹹淡調味慣稱為「塩梅を見る[2]」，由此也可看出鹽是調和料理的萬能調味料。

2 譯註：過去的日本是以鹽與梅醋當作料理的調味料。

第二章　農耕及畜牧所發展出的飲食模式

1　始於「加熱」的文明

提到餐桌劇場的主角，那肯定是足以抵抗中緯度地帶極度乾燥氣候的堅硬稻禾科植物之種子。然而那些稻禾科植物，也僅是碰巧出現在因極度乾燥而一籌莫展的人類社會裡，畢竟所謂的歷史就是如此。因為那些日後得以說明其必然的事件，往往最初僅始於偶然。總而言之，多產的稻禾科植物可說是飲食文化史上最著名的演員，也引領出眾多的配角，所謂的餐桌劇場才得以繼續演出各種「戲碼」。不過能榮登最知名的演員，其實也需要相當的磨練。堅硬的穀物得以搖身變為餐桌劇場的名角，正是因為通過了「加熱」而柔軟的試煉。

協助穀物變身的則是火。世界各地的神話或傳說，皆必然出現火。例如古印度的諸神明中，又以「火神」阿耆尼為最貼近人們的神。波斯神話中提到，獵人所射出的箭劃過了岩石，岩石因而冒出了火。希臘神話則說，原是希臘奧林帕斯山諸神所擁有的太陽之火，被英雄普羅米修斯（Prometheus）藏在茴香的莖裡盜走。普羅米修斯為了讓人類得以更接近諸神，教導人類使用火，因而激怒了宙斯，於是被鎖鍊綑綁在高加索山的懸崖上，處以大神鷹啄食肝臟的酷刑。不過關於普羅米修斯，還有另一個傳說。

某回，神與人類之間為了瓜分祭品的獸肉而互不相讓。此時與人類為善的普羅米修斯故意將其分為包裹在脂肉裡的牛骨，以及包裹在獸皮裡的肉與內臟，使得眾神之王宙斯誤判選擇了前者。結果，神拿到的是牛骨與脂肉，人類則是美味的肉與內臟。為此憤恨難平的宙斯，因而奪走人類的火。所以食物引發的怨恨，就連神也難於倖免。

料理大致分為生食、加熱、發酵三大類別，其中種類最繁多的就是加熱。法國的歷史學家雅克．巴羅（Jacques Barrau）認為，「加熱」衍生出諸多的料理，也讓飲食文化起了莫大轉變。他高度肯定壺的製作，是壺讓料理出現了革命性的變化，因而命名為「陶瓷革命」。「pot（壺）」這個字彙，又衍生出水與食物放在壺中熬煮後所產生的濃湯「potage」。也因壺的使用，終於可以從煮過的食材分別利用固體的部分與液體的部分（湯汁）。

火成為生活的一環，是造就「文明」所不可或缺的。從三千八百年前的烏爾遺跡中挖掘出許多由曬乾的磚頭所打造的竈或烤爐，可知建構起美索不達米亞文明的蘇美人，當時其實已懂得使用竈或烤爐加熱壺。

餐桌上的主角「小巨人」

農耕及畜牧的開始，是至今一萬年前人類史上的一大事件。人們焚燒森林和草原等自然生物以開拓農田、栽培某些特定的作物，這即是農業的誕生。理所當然地，凡是侵入農田的動植物皆被視為「危害的生物」，必須予以排除。隨著農田的擴大，人類的生活圈也由「既有的自然環境」轉變為「受到管理的自然環境」。那些透過栽培與飼養所獲得的食材，再被用以製作出各種料理，出現在人們的餐桌上。這也促成了料理的安定化與規格化。餐桌半脫離了自然的循環，逐漸帶有人為加工的色彩。附帶一提，主食的英語是「staple food」，「staple」有「主要的」與「慣例的」兩種意思。

現代的人類社會，基本上仰賴稻米、小麥、玉蜀黍、黍類、小米、大麥、裸麥六種稻禾科植物。從四大文明時代直至現代，穀物始終如一地為人類奉獻。另外，世界上約九千五百種的稻禾科植物，是植物界中第四大的植物群。西元二〇〇一年以來的三年間，穀物年產量依序為玉蜀黍（六〇二五九萬噸）、稻米（五七六二八萬噸）、小麥（五七二八八萬噸）、大麥（一三二二二萬噸）。舉凡米飯和麵包等主食、啤酒和日本酒等的原料、家畜的飼料皆須仰賴穀物。直至今日，世界勞動人口中仍約有半數是從事以穀物栽培為主的農業。穀物的「小巨人」之美譽，絕不是言過其實。活躍於世界餐桌的「小巨人」中，最具代表的就是世界三大穀物稻米、小麥、玉蜀黍。

2　三大穀物與其各自的飲食世界

從東南亞出發的稻米大旅行

稻禾植物的豐收與歉收的落差較小，也得以連年耕種，因而是世界飲食文化史上人口扶養力較高的作物。中國與印度這些人口膨脹的國家，皆依靠稻米作為主食。稻米栽培地區，從現在的日本遠至馬達加斯加島，三分之一的世界人口、也就是二十億以上的人們皆以其為主食。在歐美，稻米是多產的象徵，人們會對婚禮儀式後的新郎新娘丟擲米粒以祝福新人早生貴子，也就是俗稱「rice shower」的習俗。

渡部忠世在著作《稻之道》中提到，稻米源起於雲南及阿薩姆的山岳地區，然後沿長江傳往東亞；沿湄公河、昭披耶河、伊洛瓦底江傳至東南亞；沿恆河傳至印度。由於在湄公河流域發現了粳稻（japonica，日本型）與秈稻（indica，印度型）

兩種稻禾，因而被視為稻米的原產地。其流域以東的中國、朝鮮、日本等最初皆以粳稻為主，以西的印度則以秈稻為主。

日本人作為主食的，是顆粒較小、形狀較圓潤的粳稻（短米）。據推測，粳稻是在西元前二十八世紀左右傳至了中國，然後再遠傳至北九州。粳稻米柔軟且具有黏性與彈性，並帶有淡淡的香氣。也歸功於粳稻米的淡白風味，才得以創造出纖細且淡味的日本料理。粳稻米，可說是大量使用「水」的日本料理之基礎。

中國最初也栽培粳稻，不過西元十一世紀左右越南南部傳來了秈稻（長米）的占城米。由於耐旱且得以於兩個月內收割，粳稻遂遭到淘汰，從此百分之八十九的江南水田皆改種植占城米。

日本最古老的水田遺跡、位於佐賀縣唐津的繩文時代晚期的菜畑遺跡，說明日本人在距今三千年前開始種植稻作，直到繩文時代晚期才大規模地從事水田耕作，「豐葦原之瑞穗國」從此誕生。所謂的「瑞穗」，指的就是豐潤的稻穗。在「記紀神話」中，天照大神親自在高天原（天上的世界）耕作水田。由此可知，日本文化即是稻禾的文化。最初的稻米，是放在土器中熬煮成「粥」才可食用。

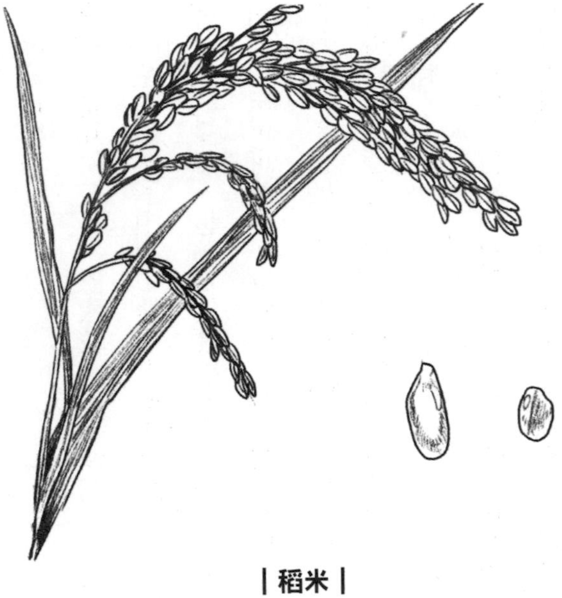

｜稻米｜

日本人作為主食的，是顆粒較小、形狀較圓潤的稉稻（短米）；經由阿薩姆地方傳至印度的則是秈稻（長米），是一種細長且不帶黏性的稻米。

蒸煮米飯，則需要「甑（現在的蒸籠）」，人類直到古墳時代才懂得使用「甑」。以「甑」蒸煮出的稻米，稱為「飯（日語是いい，漢字寫為飯、強飯）」。由於當時也食用糯米，所以那時的「飯（いい）」就是現在的「御強（おこわ）[1]」。而後由於柔軟的「粳米（非糯米的米）」傳入與鐵製鍋的普及，平安時代末期又變成「めし（米飯）」的稱呼。兼具「煮」、「蒸」、「烤」三階段的「炊飯」，由於在最後的階段必須施以高溫，鐵鍋也變成不可或缺的器具。含水量多的「めし（米飯）」，比起古早的粥還要堅硬故也稱「固粥」，但又比過去的「いい（強飯）」還要柔軟故也稱「姬飯[2]」。不過，直到室町時代「めし（米飯）」才開始普及。

經由阿薩姆地方傳至印度的則是秈稻（長米），是一種細長且不帶黏性的稻米。西元前二十五世紀至西元十五世紀期間，印度皆以此為主食。印度人開發出巧

1 譯註：糯米飯。因為糯米堅硬，所以有了「強」的漢字。
2 譯註：姬是公主的意思。

妙結合秈稻與油的獨特調理法，方法是在煮米的中途將湯汁倒掉後再燜蒸，最後再以「脂」或「油」炒過。印度料理的「pulāv（炒飯）」，就是以發酵凝固後的水牛乳所製成的牛油炒過後，再加鹽炊煮而成。

而秈稻的稻米，又從印度傳至被視為第二次原產地的伊斯蘭帝國，再由伊斯蘭圈傳至地中海地域、歐洲。英語的「rice（米）」，就是源於古波斯語、阿拉伯語。印度風的米飯料理法也同樣影響到西方，以油炒過米飯的料理圈也更加擴大。在歐美，人們視稻米為蔬菜，多半會以牛油炒過後變成肉料理的佐菜。

由土耳其衍生的米飯料理，則是變型的「pilav（炒飯）」。土耳其語的「pilav」，意指「一碗的飯」，是以牛油炒過生米、切碎的洋蔥，然後再倒入牛肉清湯炊煮，有時還會添加羊肉、海鮮、洋菇等食材，類似日本的「炊き込みご飯（炊飯）」。中國料理中的炒飯，則是以煮過的冷硬米飯與豬油、配料同炒，最後再以鹽、胡椒、醬油調味，與「pilav（炒飯）」完全不同。

與「pilav（炒飯）」屬於同系列的義大利「risotto（燉飯）」，是生米加上橄欖油、牛油炊煮而成。西班牙東部瓦倫西亞（Valencia）最有名的料理「paella

（燉飯）」，也是深受曾占領伊比利亞半島的伊斯蘭文化之影響，做法是生米與配料以橄欖油炒過後，再加入湯汁炊煮。米飯的料理法所顯現的微妙變化，其實是相當有趣的，說明了儘管同為稻米，但在消費樣式上的不同卻又助長了各自的歷史發展變化。

支撐極乾燥氣候地帶的小麥

小麥帶有堅硬的外殼，所以無法即食，必須磨成粉後才能食用。儘管相當耗費工夫，不過磨成粉狀的麥類卻具有易發酵的特性。印度、巴基斯坦、伊朗的「naan（薄餅）」，伊拉克、敘利亞、埃及的「tannour（烤餅）」，西歐的「pan（麵包）」等皆是利用發酵所製成。由於麥類的麩質含量優於其他穀物，麩質可以幫助釋放出酵母菌的氣體融於麵團，因而是與發酵關係密切的穀物。

古埃及時，已食用「麥類發酵膨脹後所做成的麵包」。據推測發酵後的麵包之由來，應該是當時大量烘焙（無發酵）麵包之際，一旁忘了烘焙的麵團竟起了發酵，將計就計烘焙後所獲得的偶然產物。一如「尼羅河的恩寵」所言，埃及的主要農作物麥類也是仰賴尼羅河的恩惠，其中的小麥更是豐饒的象徵。埃及的豐饒女神伊西絲（Isis），頭上就戴著小麥。

對古代的人來說，利用凹凸的兩個石頭磨碎麥類的工作，其實是相當艱辛的事。工廠的英語是「mill」，原義是石臼，也顯示製造麵粉堪稱是人類最早的大工程。古埃及時是以人力磨碎麥類，直到羅馬帝國時代才脫離原始的製粉法，仰賴石臼磨粉。

在西漢時代，石臼經由中亞傳入中國，當時稱為「碾磑」。碾磑傳至日本，則是西元七世紀初期時。

西元前兩千年左右出現了烤麵包的窯，當時是將麵團黏貼在高溫的窯內壁燒烤。古埃及時，建造金字塔的工人們就是以大量的麵包、啤酒作為食糧。直到中王國時代（西元前二十二世紀~前十八世紀）出現了專門烘焙麵包的業者，麵包的種類也更加多樣化。西元前五世紀，去到埃及旅行的希羅多德（Herodotus）寫下了「埃及人熱愛麵包」的紀錄。當時埃及的麵包品質優良，遠近馳名，據說麵包的種類多達四十種。

威廉・基爾（Wilhelm Ziehr）所著的《麵包的歷史》也提到，古埃及的僕人薪資是以每年三百六十杯啤酒、九百個白麵包、三萬六千個普通的麵包作為酬勞。此外，法老王外出旅行時，會攜帶數萬個麵包以供國王與隨行者食用。由此看來，當時應該僅有大都市才具有烘焙優質麵包的技術。

曾經稱霸「新大陸」的玉蜀黍

西元一四九二年被哥倫布從新大陸運往西班牙的稻禾科植物玉蜀黍，原產地是安地斯山脈。不過，位於墨西哥德華甘（Tehuacan）峽谷的七千年前遺跡中，卻發現了最古老品種的玉蜀黍，因此也有人認為遠古時代人類即在墨西哥栽種玉蜀黍了。從最古老的馬雅文明，直到之後的阿茲特克帝國、印加帝國，「新大陸」的文明發展全是仰賴著玉蜀黍。

擁有八百倍收穫的玉蜀黍，若與同是多產穀物、擁有一百倍收穫的稻米相較，絕對是收穫量優渥的穀物。現在的玉蜀黍更是人類、家畜的食糧或飼料，世界上共有數千種的品種，因而享有「Corn is King（玉蜀黍是國王）」的美譽，足見玉蜀黍堪稱是穀物界的國王。

使用玉蜀黍所做成的料理有裹上白醬（牛乳、牛油、麵糊（roux）所做成的醬汁）的甜玉米、添加牛乳後以鹽與胡椒調味的玉米濃湯、墨西哥料理的「tortilla（玉米粉薄餅）」等。「tortilla（玉米粉薄餅）」，是將玉米粉混成麵團後再延展成薄薄的圓盤狀，然後放置在陶板上烘焙的扁平麵包。若再包裹上肉、海鮮、醃肉腸、乳酪、番茄、酪梨等各種配料，則又變成了墨西哥農民當做點心食用的塔可餅（tacos）。「tortilla（玉米粉薄餅）」即是阿茲特克帝國時的傳統料理「tlaxcalli」，當時是將曬乾的玉蜀黍粒以稀釋的石灰水處理過後再磨成粉，然後揉出柔軟且帶有黏性的麵團。

3　成為肉食主角的豬與羊

肉食的魅惑

人類從攝食身邊的野獸或魚類以獲取蛋白質。馬文・哈里斯（Marvin Harris）依據亞特蘭大埃莫里大學斯特芬・博德・伊頓（Stehpen Boyd Eaton）及麥爾文・科納（Melvin Konner）的論文，提出：「從人類大部分的歷史看來，我們的身體，一天足堪消費約七百八十八公克的瘦肉。這個量相當於現在平均一個美國人消費牛肉、豬肉、綿羊或山羊肉之總量的四倍。」縱使穀物出現後，人類對野獸、魚肉的依賴仍舊不變，對肉食的強烈渴望也依舊。開始從事農耕後的人類，也開始飼養有用的動物，以利用其勞役、肉或乳、或是獲取衣服的原料等，並傾向攝取幾種較易管理的特定動物的肉。於是，畜牧也始於與農業相當的時期。在農業社會，畜牧屬於輔助性質。但在中緯度的乾燥草原，處處都是飼養家畜的游牧民族之活動領域。

人類主要食用的家畜中，舉例來說有豬、綿羊、山羊、牛、鴨、雞、火雞等。現在地球上飼養著約七億頭的豬、約十二億頭的綿羊、約四億八千萬頭的山羊、約十三億頭的牛、約六千萬頭的馬、約一億隻的鴨、約六十億隻的雞、一億隻以下的火雞[3]，而這些最後都會變成料理端上餐桌。以下就大略介紹幾種主要肉食用的家畜與家禽。

肉食的罪惡感與儀禮

畜牧開始之後，人類餐桌上也頻頻出現特定的肉食群。不過人們並不是隨機性地食肉，會依歷史或宗教的理由避開某些特別的肉。諸如游牧民族的蒙古人不吃魚或鳥肉的風俗習慣，是屬於習慣性迴避某些肉類的「忌避」，另一種則是因宗教理由而迴避的「Taboo（禁忌）」。「Taboo」，是源自玻里尼西亞語的神聖之物「tabu、tapu」，而後引申意指社會團體在面對具有超自然力量之事物時，嚴禁做出某特定之行為、或是不得觸及或談及某些事或物。自從探險南太平洋的英國詹姆斯・庫克（西元一七二八～七九年）在其航海日誌中使用了這個字彙後，從此就為世界所通用。有關肉食的禁忌，包括伊斯蘭教、猶太教忌食豬肉，印度教忌食牛肉，猶太教、基督教、伊斯蘭教忌食馬肉。

印度教教徒相信三億三千萬的神寄宿在牛身上，因而忌避牛肉。他們也認為牛的一切都是神聖的。相較之下，猶太教與伊斯蘭教則是因不淨的理由而避食豬肉。至於不淨的理由眾說紛紜，已難釐清。有一說認為因豬曾是疫病的傳染媒介，但部分移居至埃及的猶太人卻被當作飼養豬的賤民所致。伊斯蘭教徒的聖典《古蘭經》記載著：「汝等不得食死獸之肉、血、豬肉，以及獻給不是阿拉的邪神之肉類，乃至被絞殺的動物、被打殺的動物、墜落而死的動物，被其他動物的角刺殺的動物、以及猛獸吃剩下的肉——凡藉汝等之手並予以祝禱直到最後者方可食——也不允許食用在偶像神壇宰殺的動物、或賭博所贏得的肉類。」由此可知，伊斯蘭教徒不僅禁食豬肉，關於食肉還有諸多的嚴格禁律。也就是說僅能食用依循儀式、並奉阿拉

3 編註：此為日文原書出版時間二〇〇六年之數據。

之名宰殺的肉類。

猶太教徒則採快速放乾被宰殺的動物的血，他們認為那樣可以除去動物的魂魄、變成單純的肉塊，企圖消除食肉的罪惡感。所以，他們不吃沒有放乾血的肉。《舊約聖書》的〈申命記〉十二章二十三、二十四記述著「只是你要心意堅定，不可吃血，因為血是生命，不可將生命與肉同吃。不可吃血，要倒在地上，如同倒水一樣。」因為那些動物的血是獻給神的祭物，必須受到保存、注入祭壇。

在日照時間短且土壤貧瘠的歐洲則無這些規定，不過他們尊敬將家畜變成肉塊的屠夫，認為是執行某種秘密教義的特殊職業。人們相信屠夫具有特殊的能力，因而得以安心享用肉食。

在蔬菜缺乏的蒙古高原，家畜的血是重要的維生素與營養來源。因此，他們將血注入動物的腸內，煮熟後食用。馬可波羅的《東方見聞錄》提到，以平均一天七十公里速度行進的蒙古遠征軍，一人約牽領十八頭的馬以方便輪流騎乘，他們不攜帶多餘的食糧，必要時就直接刺穿馬的血管、生飲馬血以維持體力。

此外，成吉思汗（西元一二〇六～一二二七年在位）是第一位統一蒙古諸族的大汗，他規定「宰殺肉獸時，必須綑綁其四肢、剖開腹部、手抓心臟直到肉獸死亡為止。如有伊斯蘭教徒般砍斷肉獸頸項之宰殺者，日後必遭致相同手法的殺害。」其中的手抓心臟，也代表除去魂魄。從成吉思汗的規定也可看出，是防禦伊蘭教徒的習慣滲透進入蒙古高原，藉此以維繫蒙古族人傳統的飲食習慣。

為了我們自己的生存而剝奪動物的生命，其實是伴隨著苦痛的。若是一同生活的家畜，那苦痛更是不由分說。然而飲食的世界得以擴大，就必須超越心理層面、宗教層面的阻礙，衍生出物化家畜的過程。因此，如今我們在超級市場所看到的、那些被盛裝在保麗龍盒販售的「切塊」的肉、魚，絕非是輕易簡單就出現的產物。

豬——東亞與歐洲的「王牌」食材

關於家畜的馴服化，《乳利用的民族誌》如此敘述道：「據推測，牛是在西元前八千年左右的東地中海被家畜化，羊則在西元前一萬年左右的美索不達米亞北部被家畜化。馬的家畜化是在西元前三千年的南俄，水牛可能是在西元前三千年左右的印度被家畜化，不過已難證實。犛牛、駱駝、麋鹿的家畜化，則應是更往後時代的事了。」至於豬的家畜化，則未被提及。過去農民有時會利用豬輔助農務，但家畜化的時期已不可考。

不過，現在最為世界廣泛使用的食材則是豬肉。美國、阿根廷等以食用牛肉為主，澳洲、紐西蘭以羊肉為主，相較之下德國、法國、英國等歐洲諸國或中國、墨西哥則以豬肉為主。即使是日本，仍以豬肉的消費量為最多。根據西元一九九八年的統計，全世界飼養了約九億五千萬頭豬，其中有半數以上飼養於中國。

飼料所含的三分之一熱量可以轉化為豬肉，與羊的一成以上、牛的一成之熱量轉換率相較起來，豬算是飼育效率高的家畜。但是無法使用其乳汁，再加上不耐群居，豬始終難以融入游牧民族的社會。豬，應該是四千年至五千年前棲息於歐亞大陸的山豬被家畜化後的產物，其品種也極為繁多。事實上，人類看待豬肉也呈現兩極化，猶太教、伊斯蘭教是禁止食用，但在中國與歐洲卻是餐桌上不可或缺的食材。

在羅馬帝國時代，高盧（現在的法國）的大半土地都是森林。高盧的居民以森林裡的矮樹叢或松露飼養豬，鹽漬或煙燻過的豬肉則送往羅馬。中世紀的歐洲，每年到了秋季轉入冬季的時期，為了熬過無飼料的嚴冬，會將餵飽松露的豬全部宰殺，然後製成火腿、醃肉腸、培根等可貯存的食品。總之，在十一月十一日的聖馬丁節至聖誕節期間，會宰殺大量的豬隻以儲備冬糧。這段時間，平民總算得以一年一度盡情享用肉食。直至今日歐洲的火腿、醃肉腸等食品，種類更是繁多到令人目不轉睛，其實，那些都是過去時代為因應寒冷地區的嚴酷生活型態所衍生的食材。另外，在醃肉腸的原產地德國則以「wurst」稱呼醃肉腸，而英語則是「sausage」。

在中國所謂的「肉」即是豬肉，可見中國料理多麼善用豬肉。一如「豬不能用的部分僅有叫聲」這句話，豬被徹底使用在中國料理上。在中國，傳統的農業是與豬共生共存，必要時才會宰殺一頭豬。中國料理中，烹調肥豬肉的技巧巧妙，火候、時間、調理法的相輔相成可以讓肥豬肉變成美味且易入口的食物。南宋的時代，遠赴戰場所攜帶的貯存食物就是浙江金華的金華火腿，與義大利帕瑪近郊所製造的生火腿（帕瑪火腿 Prosciutto di Parma）、西班牙的生火腿（Jamón Serrano）並列為世界三大火腿。在中國，由於火腿的橫切面猶如火般赤紅，故稱之「火腿」。

在西班牙，十一月十一日的聖馬丁節左右，家家戶戶忙著處理宰殺後的豬隻，然後醃製成火腿或醃肉腸。其中的西班牙生火腿（Jamón Serrano）是西班牙最具代表性的食物之一。生火腿分為燻製過、僅鹽漬和乾燥卻不燻製等各種不同種類。被視為最上等的「哈布果火腿（Jamón Jabugo）」產自名為哈布果（Jabugo）的小村莊，當地的伊比利亞品種豬隻採自然放養方式、僅餵食松露，因而長成的豬肉呈霜降狀。西班牙生火腿，是令人彷彿回到歐洲盡是深邃森林時代的火腿。

再換個話題，西元八世紀伊斯蘭教徒穿越直布羅陀海峽征服了伊比利亞半島，西元十一世紀中期以後，基督教徒的收復失地運動（Reconquista）從半島的北部延燒開來。西元十二世紀中期收復了約半個半島的失土，西元十三世紀又奪回了主要都市哥多華（Córdoba）、塞維亞（Sevilla），西元一四九二年占領阿罕布拉宮（Alhambra）使著名的格拉那達（Granada）淪陷，也讓收復失地運動得以告一段落。換句話說，西班牙王國也是在收復失地運動中慢慢形成的。

收復失地運動最盛期的西班牙人，沒收了掌握伊比利亞半島經濟實權的猶太教徒的財產，並挪為軍用資金以利與伊斯蘭教徒長期抗戰。最初西班牙人對伊斯蘭教徒還採取融和政策，然而受到歐洲宗教改革浪潮影響，開始強迫伊斯蘭教徒改信天主教。數百萬不願改信宗教的伊斯蘭教徒，橫渡大海逃到了摩洛哥。在此一連串的過程中，豬肉成為識別猶太教徒、伊斯蘭教徒的最有效方法。只要迫使其吃豬肉即能一目了然，吃下的就是天主教徒，不吃者則是另兩個宗教的信徒。縱使辯稱已改信宗教，但豬肉卻能讓一切真相大白。因此，當時豬肉也肩負起了「測謊器」的重責大任。

綿羊——游牧民族的可攜式食材

位於歐亞大陸中緯度地帶、橫跨東西八千公里的大草原，是游牧民族的生活地域，他們以飼養偶蹄類動物及綿羊作為家畜。綿羊是牛科動物，其羊毛可作為衣服或毛氈的原料，由於身體各部位皆可有效利用，也成為具有便利性的家畜。從吃的方面來看，一頭羊可供二、三個成人食用，在腐敗是極大問題的時代，綿羊的確是體積恰到好處的食材。再加上綿羊是非常溫馴的動物，宰殺容易，算是較輕易轉換為食品的動物。

游牧民族利用母羊群會跟隨公羊的特性，以閹割的方式限制公羊的數量，達到管理羊群的目的。主要飼養在歐亞大陸的綿羊，若要養活一個家庭則需要兩百頭左右。另外，「Genghis Khan[4]」是北海道頗受歡迎的料理，其名則取自成吉思汗。因為在成吉思汗成長的蒙古草原，可以盡情享用到已閹割的綿羊。

除了綿羊的皮、骨與胃袋外，其餘的部分皆可作為食材。尤其是「血」，更是重要的蛋白質來源。游牧民族取宰殺時流到容器中的「血」，混上辛香料、麵粉後塞入羊腸，再以大鍋水煮到凝固即成了羊血腸。

土耳其人也曾是中亞的游牧民族，在西元十一世紀入侵伊斯蘭帝國，並握有實權，成為中東繼波斯、阿拉伯人之後的第三大主權勢力，也就是塞爾柱王國。土耳其料理所使用的獸肉是他們從大草原地帶帶來的羊肉，其中又以炭火燒烤的羊肉串「shish kebab」為土耳其最具代表的料理。

在以羊毛織品工業為主要產業的歐洲，牧羊的中心地英國也飼養著許多的綿羊。羊肉含有硬脂酸等高級蛋白質，會釋放出特有的腥味，因而也有人難以忍受，不過添加辛香料、香草、調味料則可消除腥味，也成了貴族宴會中受歡迎的佳餚。羊肉分為成羊的肉（mutton）與剛生下來一個月左右的小羊肉（lamb），又以柔軟、較不帶腥味且風味佳的小羊肉為上品。

牛——西元十九世紀的庶民食材

現在的肉食中堪稱代表的大型獸——牛，曾為農耕用、榨乳用、祭祀用，而非一般性的食材。直到西元十九世紀以後，牛的肉才逐漸成為普遍的食材。中國人認為牛肉是劣等肉，印度教徒也視其為禁忌而不食。

即使是牛肉歷史較悠久的歐洲，食用的還是以森林的松露餵養長大的豬為主，牛畢竟還是拖犁的勞力，只能食用年邁、無法耕作但肉質也變得堅硬的牛肉。英語

4 譯註：烤羊肉。

的「beef」，即意指「成牛的肉」。直到西元十九世紀後期，如此老硬的牛肉仍被視為象徵王侯貴族地位的食材。現在歐洲餐桌上出現的，則是白面牛（Hereford）等以肉食為目的而交配、挑選的柔嫩肉牛。

牛肉其實是奢侈的食材，因為若以穀物餵肥了牛隻，等於喪失掉飼料中九成的熱量、八成的蛋白質。也就是說，同樣的穀物可以餵飽十個人，但所飼育出的牛肉卻僅能餵飽一至兩人。

一如「大英帝國之所以能發展成日不落帝國，實在是因為英國人想逃離他們國家的料理」的玩笑話，英國料理的「難吃」的確聞名世界。在食材貧乏的英國，最具代表的料理即是烤牛肉（roast beef）。烤牛肉是駐紮在英格蘭的古羅馬軍利用英格蘭的牛所做出的料理，做法是大塊取出牛肉較柔軟的部分，以鹽、胡椒調味後，纏住麻繩、加上牛油再以大火燒烤，為避免烤硬了肉，還會一邊淋上肉汁一邊翻轉。但由於肉塊厚實，難以煮熟，必須離火稍遠地慢慢炙烤（roast）。

切成厚片的牛肉、放在鐵板上燒烤的料理則是牛排。牛排（steak）的字源，據說是焚刑時綁住人的十字架（stake）。以形式來說，也的確像是牛肉的十字架。即使是堅硬的牛肉，英國貴族都視其為平民不得享用的奢華食物，若是牛背骨內側的腰肉與背肉等較柔嫩的部分，更作為珍貴的牛排料理使用。

燒烤即可享用的牛排，火候變成了勝負的關鍵。由此，基本上可變化出四階段的微妙熟度，以大火烤熟肉的表面的一分熟（**rare**）、還留有血色肉汁的三分熟（**medium rare**）、以一般火候燒烤到肉的切口呈粉紅色的五分熟（**medium**）、幾乎不再滲出肉汁的七分熟（**medium well**）。隨著火候的不同，可以享用到不同的風味、口感與美味度。

沙朗（**sirloin**）與夏多布里昂（**Chateaubriand**），是最能代表歐州的牛排。伊莉莎白一世（西元一五五八～一六〇三年在位）於七十歲離世後，英國人從蘇格蘭迎來詹姆斯一世（西元一六〇三～一六二五年在位）兼任英格蘭國王，他自認如同人類的祖先亞當，故自稱「英格蘭人之父」，並施以獨裁統治、迫害清教徒。不過，他獨厚英格蘭的牛肉。詹姆斯一世在某次宴會時享用到帶有適度脂質的美味牛肉，於是詢問這腰肉是哪個部位，有人回以是從背側的肩部至大腿的「**loin**（牛肋脊肉）」，詹姆斯一世即對此部位賜予貴族的封號「**sir**（閣下）」。從此，「**sirloin**

（沙朗）」的地位便高於脂質較少的菲力（英語是tenderloin，溫柔的牛肋脊肉之意）。

法國偏好的牛排則是選自菲力肉中最厚的部位（從頂端到八、九公分之間最厚的部分），切成厚片（三點五公分左右）後再燒烤。因法國革命歷經流亡、之後支持波旁王朝（Dynastie des Bourbons）的政治家、文學家兼美食家的夏多布里昂（Chateaubriand）（西元一七六八～一八四八年），因他所雇用的廚師選用了這個部位的牛肉做出脂質少卻又柔軟的牛排，並淋上命名為夏多布里昂的暗紅褐色自製醬汁，再佐以牛油炒過的馬鈴薯，自此也讓「夏多布里昂（Chateaubriand）」牛排的聲名遠播。

雞——來自美國的二十世紀新食材

現在，世界最大量使用作為食材的肉禽，即是稚科的雞。世界各地飼養著種類繁多的雞，原產地已難分辨，不過有人認為應是源於棲息在印度、泰國、東南亞一帶的紅色野雞。雞，原本是為了鬥雞或鑑賞之目的而被家畜化的鳥禽動物，也就是說最初並未被當作食材。

古羅馬認為雞是戰神瑪爾斯的神鳥。也由於那樣的典故，公雞在歐洲是勇氣的象徵，報時的公雞則代表著耶穌的復活。因為如此，公雞深受法國、葡萄牙等地的鍾愛。

據說在自然狀態下，雞一年可產下二十個至四十個蛋，其實並不算是多產。不過，最初作為食材的卻是雞蛋，不能再生蛋的雞才會淪為肉食。但是年老的雞的肉，卻不甚美味。

容易腐壞不易久存、味道淡雅且柔軟的雞肉，直到冷藏技術進步的十九世紀以後才廣泛作為健康養生的食材。由於雞的環境適應力佳，又方便集體飼養，此後飼養更加普及。西元二十世紀後期，美國為因應烤雞用的雞隻進而開發出工業化的大量飼養方法，於是開啟了肉雞的養殖。由於工業化的養雞方式，也得以提供人們更價廉的雞肉。

鳥類從蛋孵化後，約經過兩、三個月即可長成成鳥的體型，之後不會再長大。

肉雞養殖則是利用了此特性，讓僅成長到六十天至九十天、被餵飽到兩公斤左右的年輕雞隻即刻變成商品。由於飼料的熱量極有效率地轉化為雞肉，與牛或豬的飼養相較可獲取五倍的利潤。每增加一公斤肉雞體重所需的飼料，甚至還不到兩公斤。屬於嶄新食材而又無宗教制限的雞肉，終於變成最大眾化的肉食，繽紛了世界各地的餐桌。

第三章 世界四大料理圈的誕生

1 巨大帝國下的系統化料理

帝國與宮廷料理

因應地域而調整食材、調味料與調理技術的料理體系，在距今兩千五百年至兩千年前時逐漸更加系統化，原因就在於巨大帝國的形成。因為以首都的宮廷料理為主軸所發展的料理，朝向系統化邁進。

德國的哲學家雅斯培（Karl Theodor Jaspers）（西元一八八三～一九六九年）

留意到猶太教、波斯教、佛教、希臘哲學等皆出現於西元前七世紀至前六世紀期間，故稱之為「人類的樞軸時代」。不過，巨大帝國的出現也等同於這個時期。當時的都市趨於完善，以大都市為主軸的帝國體制趨向成形。即使是飲食的世界，以固有的穀物、肉類、蔬菜為主的「料理」之消費型態，也隨著各地域性而逐漸定型、系統化。

有趣的是，西元前七世紀至西元前一世紀期間，歐亞大陸相繼出現西亞的阿契美尼德（Achaemenid）王朝（西元前五五〇～前三三〇年）、南亞的孔雀（Maurya）王朝（西元前三一七左右～前一八〇年左右）、東亞的秦漢帝國（西元前二二一～西元二二〇年）、地中海沿岸的羅馬帝國（西元前二七～西元三九五年東西分裂）等巨大帝國。都市的形成、文明的成立約在五千年前，也就是說巨大帝國的成立就介於文明剛成立之際與現代的中間期。

新興成立的巨大帝國，首都地因稅收累積了莫大的財富，也活躍了商人們的交易。於是各地方的食材、調味料、料理技術湧進了首都，再經由專業的宮廷料理人予以統合整備。在帝國首都獲得系統化的料理，再經由地方都市擴展到周邊諸域，並逐漸形成各料理圈。其中共有東亞、西亞、南亞、地中海等不同料理圈。

世界的三大料理

若問「什麼是世界上最出色的料理？」儘管每個人的答案不盡相同，但一般來說中國料理、法國料理、土耳其料理堪稱是「世界的三大料理」。不過，其實三大料理的形成時期並不一致，「三大料理」的稱呼也不是經過歷史考究的。

中國料理，在秦、漢帝國以來兩千數百年中國帝國傳統之培育下，在宋朝（西元十世紀末～十三世紀）終於有了雛型。中國料理複雜，大致可分為傳承自清朝（西元一六一六～一九一二年）宮廷料理的北京料理、以長江下游豐富魚米為食材的上海料理、因長江上游內陸盆地而衍生的四川料理、善用南方豐富海產而發展形成的廣東料理。這些「料理」底下又分別擁有各自的地方料理、著名料理，足可見其之深度與廣度。在中國有所謂醫食同源的觀念，因而耗費了漫長的歲月，不斷積極找尋自然界的萬物以納入食材。在中國料理中，料理又可依材料、刀法、調理法分門別類，算是比較容易了解的料理體系。

土耳其料理是統治領域跨越了三大陸的鄂圖曼帝國（西元十三世紀末～一九二二年）時期所整合、系統化的料理，屬於較嶄新的料理。

提到土耳其料理不免聯想到烤羊肉串、如「shish kebab」或「döner kebabı」，但絕不僅於此而已。另外還有名為「dolma」的蔬菜鑲肉料理，如今人人享用得到的乳酪（yoghurt）則是源於土耳其語的「yoğurt（攪拌之意）」。總而言之，是綜合了西亞料理、中亞料理、地中海料理的飲食。

西元十六世紀時鄂圖曼帝國首都伊斯坦堡的托普卡普皇宮廚房，據說擁有每天可供應六千人飲食的規模與體制，每日用掉的食材多達兩百頭的綿羊、一百頭的小綿羊與小山羊、六百隻的雞。土耳其料理在以鄂圖曼帝國的宮廷料理為主軸之發展下，又結合了各地方的料理而形成龐大的體系。

法國料理則是以羅馬帝國的宮廷料理為根基，再混合上純熟的調理技術與地域性的著名料理，於西元十九世紀完成整合系統化。就時間來說，算是近代的料理。西元十九世紀，在世界各地占有殖民地的歐洲，由於殖民地所帶來的莫大財富，逐漸興起成為「柔性帝國」。而法國料理，就是在那樣歷史背景下的近代產物。

建構出美味之基礎的世界四大料理圈

那麼若依歷史的觀點，又如何區分世界的料理呢？根據石毛直道所著的《世界的飲食文化》，是將世界的料理圈區分為四：

一、特色是以豬肉為主要食材，再佐以醬、油脂變化出多樣加熱料理與食品保存技術的中國料理圈。

二、特色是善用咖哩、牛油，並以羊肉、雞肉為主要食材的印度料理圈。

三、交雜重疊著波斯、阿拉伯、土耳其等多種料理文化，儘管複雜但共通性則以羊肉為主食、並多用風味強烈的辛香料的波斯（伊朗）及阿拉伯料理圈。

四、特色是以麵包為主食，並佐食火腿、肉腸等肉料理的歐洲料理圈。

如此的區分，也與依附巨大帝國而形成的「諸地域世界」有了交互重疊，得以整合歸納入世界史的架構。依據此原理所畫分的四大料理圈，更有助於思考觀察

「大航海時代」以前的飲食世界。

不過，限於篇幅的緣故難以有系統地論述各料理圈，僅能提及最能彰顯四大料理圈特色的食材，以及簡單整理歸納出各料理圈的特徵。而本書所舉列的食材中，有些是具有某種特殊的象徵意義，也有些幾乎不曾出現在他國的餐桌上。

2　深根於極乾燥氣候地帶的中東料理

象徵大地的番紅花

中東的料理，以大量使用各種辛香料予人印象深刻。在這些辛香料中，與極乾燥氣候地帶的生活最緊密相連且最古老的就屬番紅花。

廣為伊斯蘭圈所使用的昂貴辛香料番紅花，是收集秋季綻放的Crocus的雌花蕊所製成的。散發芳香的番紅花具有止痛、發汗、健胃等藥效，同時還可作為黃色的染料。

而後番紅花傳至歐洲，也被廣泛使用於地中海料理。不過番紅花（Saffron）的名稱是源於波斯語，由此不難看出它的根源是在西亞。

番紅花香料是取自鳶尾科番紅花屬（Crocus）的植物，此花的名稱是源自建立起美索不達米亞文明的蘇美人之語言，也是唯一與人類最古老的蘇美文明有所連結的現代字彙。破土而出、以宣告春天到來的Crocus，對蘇美人來說是穩定心靈、別具特別意義的花。蘇美人尤其從這楚楚可憐的花朵身上，體會感受到太陽的恩惠。

另外，蘇美（Shinar）的字源是「土地、主、葦」，也就是「低濕地的主人」之意。因為大沼澤地是他們的生活區域。

蘇美人為維持生活而刻意栽培原是雜草的麥類植物，對他們來說最滿心期待的是，春季時荒蕪的大地又回歸為農田。而穿過堅硬土壤、開出黃色花朵的Crocus，就是宣告春天到訪的標記。在日本，初春即破土綻放的福壽草，也被視為「告知春天來到的花卉」，看來人們對春天的期待與蘇美人並無不同。

| 番紅花 |

廣為伊斯蘭圈所使用的昂貴辛香料番紅花，是收集秋季綻放的Crocus的雌花蕊所製成的。散發芳香的番紅花具有止痛、發汗、健胃等藥效，同時還可作為黃色的染料。

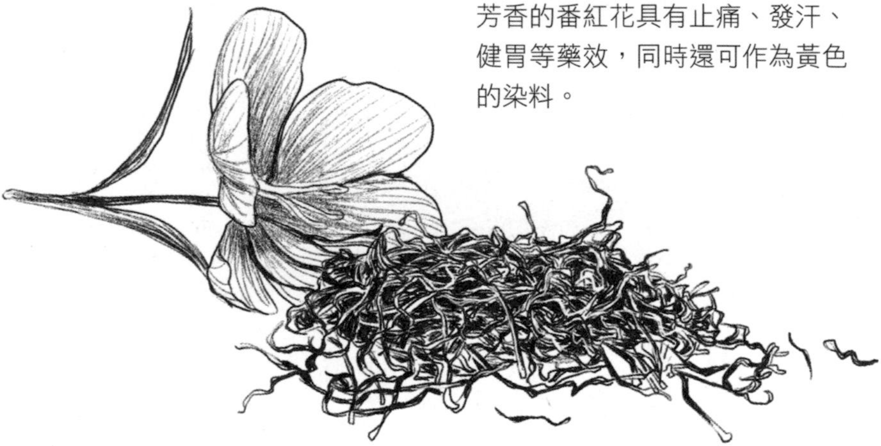

黃金色的Crocus，後來被人們利用做成辛香料與藥品，也就是番紅花。Crocus在夏季陽光的照射下，到了秋季會綻放出淡紫色的花卉，人們收集了花卉的雌蕊再予以乾燥後即是番紅花。人們認為番紅花的艷紅，彷彿是濃縮了太陽的能量。製造一百公克的番紅花，需要四萬根的雌蕊，因此極為昂貴。另外，番紅花能使十五萬倍份量的水變成黃色，可說是染色力強的染料，因而也能增添料理的色彩。

來到伊斯蘭的時代，番紅花更是備受珍重。《一千零一夜（The Arabian Nights）》中的〈阿里沙爾與祖姆魯黛的故事〉，還出現了來自印度的米與番紅花所調理的番紅花飯。後來番紅花也傳至印度，番紅花飯可說是現在最具代表性的印度料理。

番紅花也傳到了地中海沿岸，是法國料理的馬賽魚湯（bouillabaisse）、西班牙料理的燉飯（paella）不可缺少的辛香料。由於製造過程需要大量的雌蕊，因此更顯珍貴價昂，也頻頻出現假貨冒充，就如現在的仿冒名牌一樣。為此，當時的執政者還嚴懲製造假貨的業者。西元十六世紀的法國，亨利二世國王除了獎勵栽培番紅花，對魚目混珠者則處以死刑。

遠比麥類文化古老的椰棗

以擁有最古老的麥類文化而自豪的西亞，自古以來就食用稱為「naan（薄餅）」的薄形發酵麵包。在阿富汗等地，乃至吃飯這件事也稱為「naan」。與歐洲的麵包相較下，「naan（薄餅）」可以輕鬆簡單地對折、四折或中間夾上食材享用，對手食的用餐方式可說是相當便利。西亞也是屬於手食文化圈。「naan（薄餅）」的做法是，欲食用的前一天先將麵粉揉合成麵團（此際有時會加上酵母，但傳統上則不加），讓麵團放置一晚後，再延展成雜誌大小、厚一公分的扁平狀，然後快速甩到高溫烤爐的側壁上。做法單純簡單，不過高溫、迅速燒烤卻是成敗的關鍵。

波斯諺語提到，「烤naan（薄餅）要趁著烤爐正熱時（意即打鐵趁熱）」，也足見naan（薄餅）多麼深入當地人們的生活。

美索不達米亞文明時代，為了長期保存帶有堅硬外皮的麥類，遂研發出「Bulger（碎乾麥）」的食品。做法是將收穫得到的麥加水煮軟後，曝曬乾燥，然後再以石頭或石臼磨成粉狀。由於煮過，酵素都被消滅了，也更耐得住長期保存。持續繼承自古傳來的傳統麥類料理，也成為西亞料理文化中的最大特色。

此外，伊朗、伊拉克、北非的極乾燥氣候地帶，在嚴峻環境下所茁壯的椰棗果實，更是生活中的萬能食材。可以長到二十公尺至三十公尺高的椰棗樹，栽培的第八年才開始結果，而後可以持續結一百年左右的果實。據說，一棵樹一年可收穫兩百七十公斤的果實。在美索不達米亞，比起麥類，收穫量更多的椰棗才是更古老的食材。古埃及或美索不達米亞，在八千年前即開始栽種椰棗。

對游牧民族而言，椰棗樹的果實既是主食，也是點心零食，而來往於沙漠的駱駝商隊所運載的大量行囊中，曬乾的果實則是其中的攜帶食糧。椰棗，是極乾燥氣候地帶的西亞諸文明之重要食材。直至現在，仍是北非、伊朗、阿拉伯人們的重要經濟來源。

自阿拉伯半島北上的咖啡

現在被視為歐洲象徵的嗜好性食品咖啡，其實是原產於伊斯蘭圈。西元十七世紀，咖啡經由鄂圖曼帝國傳至了歐洲，由於正值宗教改革，人們認為葡萄酒、啤酒等酒精飲料是麻鈍人類理性的飲品，相較之下咖啡即成了「喚醒理性的飲料」而大受歡迎。

咖啡的原產地是衣索比亞等地的東非，其種類有五十至六十種之多。咖啡樹會結出類似仙人掌的紅色果實，因而也被稱為「咖啡櫻桃」。目前最廣為栽培的阿拉比卡品種，是始於西元六世紀左右阿拉伯半島所栽種的品種。

猶如烹煮穀物般煮過的咖啡豆，豆與煮汁皆可食用。而種子則可磨成粉末，添加牛油後凝結成棒狀，則又變成外出攜帶用的食糧。便於隨身攜帶的咖啡豆，也成為可攜式食品而備受珍惜。西元十世紀伊斯蘭圈最著名的醫生拉茲（Al-Razi）（西元八六五左右～九二五年）曾寫下「咖啡的生豆磨碎後所煮出的湯汁可作為藥用」之記錄。由於其藥效受到認可，咖啡的煮汁也開始廣為人們所利用。咖啡豆研磨後再沖泡的飲用方式，始於中世紀末期阿拉伯半島南端的葉門之亞丁港，是伊斯蘭社會視為異類的蘇菲行者（強調以身體感受阿拉的神祕主義者）所開始的。此飲用法，後來又經由葉門的摩卡港傳至埃及。

咖啡在衣索比亞，原名為「Bunna」，傳至連結印度與紅海、非州與阿拉伯的亞丁港時，名稱又有了改變，咖啡樹或豆是「bun」，喝的咖啡則是「qahwa」。「qahwa」，既是「煎煮而成的飲品」，也泛指穆斯林的蘇菲行者所飲用的酒精飲料。但是，究竟「qahwa」指的是可以輕易發酵的咖啡豆所製成的酒呢？還是在葡萄酒等酒類內混入咖啡粉？卻已不可得知。不過不難理解，對置日常生活於事外、一心與神合而為一的神祕主義者蘇菲行者而言，酒精所帶來的飄飄然有助於宗教上的體悟。

然而，《古蘭經》是嚴禁飲酒的。西元八一九年葉門的宰比德（Zabid）設立了阿拉伯民族的第一所大學，最盛期還有來自阿拉伯、非州的五千名留學生。也因此更必須嚴防咖啡被當做酒精飲料飲用，由於咖啡豆炒過後即無法產生發酵，也成了阻斷作為酒精飲料原料之對策。這些淵源則發生在西元十三世紀左右。

諷刺的是，「炒」反而更增添了咖啡的香味，更能釋放出咖啡本身的「焦香味」。咖啡的生命即孕育於炒的方法，輕炒會帶有酸味，重炒則會帶有苦味。而風味的微妙變化，正是品味的樂趣。因此，烘焙就是咖啡的生命。

充滿魅惑的咖啡，之後又從伊斯蘭圈北上。在聖地麥加，添加荳蔻所煮成的咖啡還蔚為流行。

來到西元一五五一年，鄂圖曼帝國的首都伊斯坦堡出現了世界最早的咖啡館，並流行蔓延到了開羅、大馬士革等主要都市。西元一五六〇年左右，伊斯坦堡約有六百家「咖啡屋（cayhane）」。

3 森林與地中海所孕育的歐洲料理

魚醬的風味是古羅馬的風味

鹽漬過的海鮮經過一年以上的貯藏，最後熟成的調味料就是魚醬（魚醬油）。魚醬是利用鹽抑制海鮮的腐壞，並同時藉由魚內臟所含的酵素分解蛋白質，是巧妙融合了鹹味與甘甜而製成的調味料。更簡單來說，就是一種讓鹽漬海鮮趨近於液狀化的調味料。

以小魚、蝦為原料的泰國魚露（nam pla），以沙丁魚、藍圓鰺、飛魚等各種魚為原料的越南魚露（nước mắm），以小蝦米為原料的印尼魚露（nước mắm），這些都是與大海密切關聯的地域所製造的魚醬。而魚醬也用於中國、朝鮮、日本等東亞圈，例如日本秋田的鹽汁（shottsuru）、日本能登半島的魚醬油（ishiru）、日本香川的玉筋魚醬油（ikanagosyouyu）、日本鹿兒島的柴魚煎汁（katuonosenji）

等，以及朝鮮半島的蝦醬（seujo）、魚醬（merujo），還有中國的魚露，都是頗具知名度的魚醬。

即使是以地中海為內海的羅馬帝國，主要的調味料也是魚醬。古羅馬的料理，其實就是魚醬的料理。

古羅馬的魚醬稱為「garum」或「liquamen」，是將鯷魚等魚或蝦浸在鹽水裡，待兩、三個月發酵熟成後再過濾完成的調味料。剃除掉鯷魚的內臟，添加鹽與辛香料後經過半年以上發酵的則是「anchovy（法語是anchois）」。這些古代的調味料仍流傳至今。除去鯷魚的頭、內臟、骨，經過半年以上的鹽漬，再浸泡於橄欖油裡的鯷魚罐頭，如今也銷售到其他各國，不過那可不是普通的魚罐頭，口味極度的腥鹹。

南義大利、南法等地，則是利用熟成的鹽漬鯷魚作為增添醬汁風味的調味料，直到今日，仍用於沙拉、披薩或通心粉等料理提味。儘管伍斯特醬（Worcestershire sauce）是英國為模擬印度的調味料而製成，但為了增添風味，有時還是會加上歐洲傳統的鹽漬鯷魚（anchovy）提味。所以在用法上，好比是醬油般。另外，鹽漬鯷魚（anchovy）則是源於巴斯克語[1]的「魚乾（anchova）」。

在地中海各地，從海底的古代沈船中發現了許多雙耳細頸壺（amphora，古希臘的一種壺），壺底黏著魚醬的結晶體，由此可知在西元前五世紀左右人們即使用魚醬作為調味料。當時是以鹽漬鯷魚或鯡魚腸，而後曝曬直到腐敗，再與香草一同熬煮後裝瓶。是帶有強烈氣味、且口味非常腥鹹的調味料。

兩、三滴的魚露就足以徹底改變料理的風味，堪稱是個性強烈的調味料，價格也不斐。當時的羅馬人口味偏鹹。魚醬的產地在南高盧（法國）、伊比利亞（西班牙）的地中海沿岸，製造的業者也集中於此。

不過西元七世紀至八世紀期間，在伊斯蘭教徒的大征服運動下，地中海淪為伊斯蘭教徒所掌控，古代地中海圈分裂為以南的伊斯蘭圈與以北的基督教圈。後者的中心地移至阿爾卑斯以北的內陸地，從此海岸地所生產的魚露也迅速沒落了。

1　譯註：西班牙東北部的巴斯克自治區。

「油」（Oil）的字源是「橄欖」（olive）

若論及最能代表地中海的食材，首推的就是橄欖。其橢圓形的未成熟果實可用以鹽漬，而變黑的成熟果實則可製成橄欖油。

由於近來研究發現橄欖油具有降低膽固醇之功效，也開始迅速普及於世界各地。橄欖油分為僅榨取未過濾的初榨橄欖油（Virgin Oil），精製過的油加上初榨橄欖油的則是方便使用的純淨橄欖油（Pure Oil），以及特級初榨橄欖油（Extra Virgin Oil）。因為是有利於健康的油，所以陸續發展出各種不同種類的品項。

小亞細亞至敘利亞的東地中海沿岸地帶是橄欖的原產地，人們早在五千年前即開始栽培。《舊約聖經》的創世紀也記述著，大洪水結束後，諾亞放走方舟裡的鴿子，黃昏時鴿子卻啣著橄欖枝葉歸來。雖然地中海地域的夏季降雨量少，但濕潤的下層土反而有利於橄欖樹或無花果樹的栽培。

大量栽培的橄欖，不僅果實可供食用，也可作為燈油、食用油等。剛採收的成熟果實裡，約含有兩成的油脂。希臘語的「橄欖」是「elaia」，近似「油」的

「elaion」，也足以說明橄欖油才是歐洲人心目中的油。英語「olive（橄欖）」的字源，是古羅馬也使用的拉丁語「oliva（橄欖）」，而「oil」則是誤讀「olive（橄欖）」所衍生的字彙。

古希臘最主要的特產就是橄欖。在雅典，有個關於橄欖的傳說。據說當時必須為建造完成的新都市選出一位守護神，「智慧女神」雅典娜與「海神」波賽頓互不相讓，最後決定以餽贈對方的禮物論勝負。雅典娜送出的是橄欖樹，波賽頓的則是海馬。結果，雅典娜的禮物勝出，都市名遂以雅典娜之名命名。因此雅典的守護神是「智慧女神」雅典娜，也是橄欖樹之神。

古希臘人將照料橄欖樹與橄欖加工的工作委託給純潔的少女與青年，並將帶有木犀科芳香的橄欖油塗在死者的臉上。由此可知，橄欖油也具有「清淨」與「聖化」的象徵。

此外，每隔四年舉辦的奧林匹克運動會，也會授予獲勝者橄欖王冠。因此，橄欖還具有「勝利」的象徵意義。橄欖樹移植到古羅馬，大約是在西元前六〇〇年，不過真正開始積極使用卻已是西元四、五世紀的事了。當時，橄欖油瞬間征服了整個古羅馬。

在人口近一百萬人的羅馬帝國遺跡，還可看見搬運橄欖油所需的壺碎片所堆積形成的巨大山巒，據估計那壺的數量甚至多達四千萬個左右。

「聯誼」就是一邊吃麵包一邊交誼

在地中海地域或歐洲沿襲著古埃及的傳統，以麵包為主食。古埃及的麵包製造技術，隨著羅馬帝國的傳承而有了大幅進步。那是因為以武力征服地中海沿岸廣闊領土的羅馬帝國，強制帶走了麵包師傅或磨麵粉的師傅，積極地達到技術轉移。藉由手推石臼製造麵粉、麵包烤爐的改良、利用馬尾毛篩粉等的改良技術，再加上獲得了優質的小麥粉，終於讓羅馬的麵包更加美味。

因而也衍生了許多麵包專門店，西元一世紀甚至出現類似麵包店的工會。馬可・奧理略（Marcus Aurelius）大帝（西元一六一～一八〇年）在位期間，據說羅馬共有兩百五十四間的麵包工場。

至於日本年輕人慣稱的「合コン（gokon）」或「コンパ（konpa）」[2]，似乎也無人關心其名稱的由來。

其實，日語的「コンパ（konpa）」是源於過去的學生用語「コンパニー（company）」。「company（夥伴）」與「companion（同伴）」皆源自相同的字源，都帶有「同伴」之意。不過「company」並不僅止於普通的同伴，一如所謂的「company manners（客套）」，由於充滿著種種的禮教規矩，所以算是較正式且嚴肅的同伴關係。再仔細往下探究，就會明白這些所有的字彙皆源自於共享同一個麵包的「communion（聖餐）」，也就是基督教教徒共享象徵耶穌身體的麵包，進而誓約締結弟兄，而這也是日語「コンパ（聯誼）」的字源。

耶穌與門徒們的最後晚餐，耶穌將麵包切成數片分給眾門徒，並說道：「這是我的身體，為你們捨的。」從此麵包也變成了基督教聖餐（彌撒）時所不可缺少的食品。

2 譯註：皆是聯誼之意。

另外，「communication（溝通）」也是源自於「communion（聖餐）」，意味著藉由共享神所賜予的食物，使得神與人有了交流。

隨著羅馬帝國的滅亡，製作麵包的技術也一蹶不振，直到地中海商業復甦才再度振興。歐洲中世紀的「Lady（淑女、封建地主之妻）」、「Lord（封建地主）」，也與麵包有著密切的關聯。「Lord（封建地主）」是源自於古代英語的「守護麵包的人」，而「Lady（淑女、封建地主之妻）」則是「揉捏麵團的人」。畢竟對中世紀的莊園地主而言，最重要的仍是象徵賴以維生的麵包製造與管理。身為地主的妻子則必須監督麵包的製造，地主再將烘焙好的麵包分配給屬下。

麵包最初傳至日本之際，也正值西元一五四三年葡萄牙人將槍砲帶至種子島（位於九州南側）。另外，大航海時代所攜帶上船的麵包，則是可以長期保存的「biscuit（餅乾）」。「biscuit」源於拉丁語的「二度烘焙」，是為了耐於保存而經過兩次烘焙的麵包。也幸而那些餅乾與葡萄酒，船員才得以渡過驚濤駭浪的船旅。所以葡萄牙人傳至日本的裸麥硬麵包，說不定就是船員攜帶上船的餅乾。當然，日語的「パン（pan，麵包）」即是葡萄牙語。

而後，隨著商業發達地域之間的連結更加穩固，也有了所謂的「land bread（地域麵包）」，法國革命後則是盛行所謂的「national bread（國家麵包）」

4 不殺牛卻又仰賴牛的印度料理

聖牛是人類活力的泉源

牛，是與人類演進有著密切關係的大型獸類；牛，也是長久以來協助人類開墾堅硬土壤的家畜。無論是美索不達米亞（美索不達米亞文明）或克里特島等地中海諸域（克里特文明）皆視牛為聖獸。尤其是印度，自印度河流域文明以來，瘤牛（zebu）就被當作神崇拜。直到今日，印度仍是飼養著一億八千萬頭牛、並與人們共生存的國家。由此，印度人理所當避免攝食牛肉。在印度，牛被視為「不得殺害之物」，他們甚至認為牛的鳴叫聲是美的極致。

不過提到牛乳，就另當別論了，印度人認為牛乳是人類神秘活力的營養來源，因而積極攝取利用。古印度的梵語稱牛乳為「duh」，也就是「擠乳」之意。一如古代史詩《羅摩衍那（Rāmāyana）》所描述，隨著乳海的攪動，印度人因而衍生了生命靈水（Amrita）。所以牛乳是所有食物起源的滋養物，也是豐饒的象徵。

煮沸的牛乳冷卻後，再加入少量前天所剩的乳製品，促使發酵後就是酸奶。在印度稱酸奶為「Dahi」，無人不愛。傳說，佛教的創始者佛陀（Gotama Siddhatha）因斷食修行而體力孱弱時，一名名叫善生（Sujatā）的少女供養了酸奶，體力因而恢復的佛陀才得以在伽耶的菩提樹下禪坐頓悟。在以不殺生為戒的印度，雖以素食的餐點居多，不過這些料理多半會加入所謂「Dahi」的酸奶，以及以牛乳製成的「Panīr（乳酪）」。因為，他們認為牛乳是生命與不死的象徵。

在古希臘及羅馬時代，視牛角猶如月亮，因而也認為牛是神聖的動物，牛乳則是獻給神的聖物。當時的人們相信，牛乳具有神祕的力量。據說古埃及托勒密王朝（西元前三〇四～前三〇年）的女王克麗奧佩脫拉（埃及艷后）（西元前五一～前三〇年在位）更以牛乳浴保有美麗。不過，羅馬帝國並無飲用牛乳的習慣。從文獻上看來，歐洲直至十七世紀才開始飲用牛乳。

在印度，放置在壺中的酸奶，經過攪拌後加熱、脫水，就變成稱為「Ghee」的牛油，可利用作為多種料理的基底。例如以牛油炒米、或是以牛油炒咖哩或咖哩的食材等。換句話說，在忌食牛肉的印度，得以製造出牛油的牛乳簡直是印度料理的根基。印度約有一半的牛乳，皆用於牛油的製造。印度人相信攝取這些牛油或酸奶等牛乳加工品，人類的身體可以吸取到神的力量。

在中國、日本等東亞圈，牛被當作農耕的工具，所以並無飲用牛乳的習慣。在游牧民族文化的影響下，唐朝算是中國歷史上盛行乳製品的特例朝代。受到此影響，日本在奈良、平安時代曾在諸藩侯地設立朝廷直轄的牧場，並以收取煎煮過的牛或羊乳所製成的「酥」，發酵過的牛、馬或羊乳所製成帶有酸味的飲品「酪」，精製過的牛或羊乳所製成的濃厚汁液「醍醐」等乳製品為稅收。不過而後，除了江戶時代的長崎出島之外，其他各地已無生產牛乳，這個情況一直持續到明治時代為止。

咖哩是混合了辛香料的「調味料」

提到印度，恐怕首先聯想到的就是咖哩吧。的確，在印度稱之為「masala（咖哩）」，在辛香料的調味料中占有極重要的地位。許多人誤以為混合了各種辛香料的咖哩就是一種料理，其實咖哩仍僅是調味料。咖哩是以帶有豔陽色彩的鬱金（薑黃）為基底，再混合添加胡椒、肉桂、丁香等三十至四十種辛香料所製成，堪稱是辛香料集散地的印度才能造就出世界少有的調味料。製造咖哩所使用的主要辛香料中，除了增添黃色色彩的薑黃，還有增添香味的小茴香籽、肉桂，增添苦味的豆蔻，增添甜味的肉豆蔻、胡椒。而現在也增加了可以增添辣味的辣椒。

印度的家庭，各有其慣用的咖哩。也就是說，咖裡扮演著每個家庭的獨特風味。關於咖哩的字源眾說紛紜，不過有人認為是源於南印度的泰米爾語「kari」，因為這個字彙正是「（料理的）配料」、「添加辛香料的醬汁」之意。迂迴好望角而終於抵達南印度的葡萄牙人，把調味料的「kari」當作料理傳回了歐洲，因而衍生了歐洲對咖哩的誤解，其實是葡萄牙人無法理解印度獨特的料理文化所致。由此可知理解異文化，並不是件容易的事，最後人們往往僅能透過文化的脈絡來理解異文化。

我曾在斯里蘭卡的可倫坡，以手取食放置在香蕉葉上的長米與蔬菜咖哩，那的確是非常有趣的經驗。在印度，咖哩會添加上肉、海鮮、蔬菜等各種食材，然後與無添加酵母的「chapati（薄麵包）」或有發酵的「naan（薄餅）」一併享用。

如前述，使咖哩帶有黃色與特有香味的辛香料是薑黃。屬於薑科植物的薑黃是取自其肥大後的根莖，乾燥後再研磨成粉末。日本的醃黃蘿蔔，即是以薑黃著色。

印度商人穿越孟加拉灣、麻六甲海峽來到東南亞後，也帶動了當地的薑黃栽培。由於薑黃的黃色被視為高貴的顏色，因而也廣泛使用於化妝品、染料或驅魔儀式等。西元十五世紀後期，世界進入了大交易的時代，薑黃也傳至了與泰國、麻六甲等交易來往頻繁的琉球（沖繩）。在日本，沖繩是薑黃的主產地。

而印度的薑黃，則以波狀起伏的形式傳至西方世界。首先在西元一世紀時，薑黃透過印度洋交易傳至了羅馬帝國，當時稱其為「terra merita（美好的大地）」，也正是英語「turmeric（薑黃）」的字源。

歐洲真正引進薑黃則是在大航海時代以後的西元十六世紀，當時被當成是昂貴的番紅花的替代品，最先與印度交易的葡萄牙人則稱薑黃為「印度的番紅花」。也因此，義大利、西班牙、法國等地稱薑黃為「curcuma」，是源於梵語的「kunkuma」、也就是番紅花原料的Crocus。在中國和日本，薑黃也稱為鬱金，「鬱」是茂盛之意，「金」則是指「黃色的植物」。

5　以內陸特色為基礎的中國料理

麵與多樣化的主食文化

中國擁有由西往東流經五千四百公里的黃河，以及蔓延六千三百公里的長江兩大流域，並分別發展出各具特色的農耕文明。所謂的「南稻北麥」或「南粒北粉」，中國的土地可劃分為乾燥黃河流域的旱耕地帶，與多濕長江流域的稻作地帶，並依隨著既有風土而發展出兩種系統的農業。不過，麥子直到漢朝才出現於中國的食文化，在此之前，粟與稗粟是黃河流域的主要食材。黃河流域屬乾燥地帶，僅能種植出屬於副食的食材，不過卻因而發展出各式各樣以粟與稗粟所做成的粥、餅等主食。

漢朝時，西方的小麥與研磨小麥的石臼從絲路傳來中國，麥類的粉逐漸取代了粟與稗粟，並以過去黃河流域的傳統食文化為基礎，逐漸發展出以麥類粉製成的「麵食」為主食的穀物食文化。繼粟與稗粟之後，小麥成為此豐富穀物食文化的主角。中國食文化的特色就在於主要穀物的多樣化，而日本的食文化也充分受其影響。日本人所熟悉的「麵」，原是指小麥粉，後來演變泛指麥類為原料所製成的細長食物。最初的麵，像是捏成湯圓狀再水煮過的麵疙瘩，也有類似餛飩皮的形狀，直到西元三世紀才逐漸演化為長條狀。

另外，中尾佐助所著的《料理的起源》中提到，在麵食起源地的中國華北地區，收成的小麥中兩成做成了餅類、四成做成了麵類、剩餘的四成則是饅頭類。所謂的饅頭，是將小麥粉混水後搓揉，放置一晚後，再分成拳頭大小的麵團蒸熟，類似某種麵包（發酵的蒸麵包）。印度、西亞、歐洲是以麵包為主食，東亞則是以獨特形狀的麵條（烏龍麵）、蕎麥麵等麵類為普遍的食餚。

麵有各種不同的製作方式：

一、利用小麥粉黏性搓揉成麵團後，再以手延展拉長（素麵、拉麵）

二、搓揉麵團後再延展成扁平狀，然後切成細條狀（蕎麥麵、烏龍麵）

三、予以擠壓壓縮（冷麵）

另外，蒙古帝國時代由義大利商人傳至歐洲的義大利麵、通心粉等麵類，是採取從器具的洞孔中擠壓壓縮的製作方式。因此，麵食也隨著材料或飲食文化而交織變化出各種不同的形式。

纖細得堪稱工藝的「三輪素麵」，是日本有名的素麵（最初稱為索麵，而後則是素麵）。其源於唐朝的索餅，所謂的索餅是以麵粉、米粉、鹽混合後搓揉成兩長條麵團，然後再交織成繩索狀。索餅在奈良時代傳至了日本，稱為「麥繩」，不過可想而知根本是粗麵，而不似現在的素麵。然而在起源地的中國，麵卻逐漸變細

｜拉麵｜

拉麵（或素麵）的做法，是利用小麥粉黏性搓揉成麵團後，再以手延展拉長。

｜烏龍麵｜

烏龍麵（或蕎麥麵）的做法，為搓揉麵團後再延展成扁平狀，然後切成細條狀。

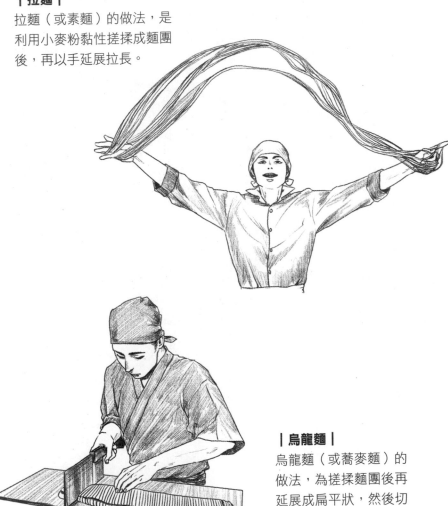

了。來到元朝時，甚至出現將麵粉加鹽、水、油混合後的麵團，延展成筷子般粗細後，再放置在油紙上直到麵團帶有黏性，然後取兩根細棒子纏住麵團，拉扯到麵團變得又細又長時再予以乾燥。這個嶄新的製麵技術，在鎌倉時代由禪僧傳至了日本，據說就是後來的素麵。

根據傳承料理研究家奧村彪的描述，素麵的製作方式是麵粉混以鹽水揉成麵團後抹上了油，再搓揉攤平在木板上，然後覆蓋上油紙靜置一定的時間後，扭轉成繩索狀後再以細棒不斷來回延長拉扯，直到變得纖細為止。添加油是為了防止麵團變乾，也有可能是為了無數次的延長拉扯。素麵就像是乾燥後的細烏龍麵，由於可以長期保存，可說是當時貴重的貯存食品。

多樣化的醬

在中國，以豆類、穀類、魚貝類等發酵製成的調味料皆稱為「醬」。日本的醬油雖也使用了「醬」字，卻是不同於中國的「醬」。「醬」更趨近於味噌，是多種多樣具有獨特的風味、香味的素材之組合。也屬於種類多樣化的調味料，其發想與印度的咖哩如出一轍。也由於醬油在調味料中占有最主要的地位，因而有了「將」的部首。

距今約三千年前的中國周朝，即已使用粟的麴製造出肉的醬。更正確來說，有點類似鹽漬的肉，據說可以盛在盤裡直接享用，或是搭配料理當作調味料使用。根據《周禮》記載，皇帝用餐時使用的醬的種類甚至多達一百二十種。不斷發展的醬文化，在西元年前四百年左右的戰國時代，終於出現了以大豆或小麥等為原料的穀醬。主要的醬可分為：大豆所製成的黃醬、鹽漬蒸大豆後所發酵的豆豉醬、小麥所製成的甜麵醬、以白芝麻為原料的芝麻醬、四川料理中經常使用的豆瓣醬等。

西漢時期，人們已懂得利用大豆（黃豆）的麴發酵製作出近似味噌的黃醬。於西漢漢武帝在位期間寫下《史記》的司馬遷（西元前一四五年～前八六年）在〈貨殖列傳〉中提到，由於大都市的酒與味噌消費量大，因而經手的商人都是大富豪。直到東漢初期，才出現以「豆醬」稱呼味噌的文獻記載。

味噌傳至日本，是在飛鳥時代。依循大寶律令（西元七〇一年）所設置的大膳職[3]擁有所謂「未醬」的大豆發酵食品，因此普遍認為這個「未醬」又寫成「未曽」，最後終於變成現在的「味噌」。不過，也有人認為味噌是奈良時代的唐僧鑑真所傳來的。

在朝鮮半島，「醬」則稱為「密祖（miso，與日文的味噌發音相同）」，所以也說不定味噌的稱呼是源自朝鮮半島。味噌又分為熬煮大豆所製成的白味噌，以及燜蒸大豆所製成的紅味噌，以關西為重鎮的時代偏好的是前者，以關東為重鎮的時代則偏好後者。由此推測，當時唐朝傳來的味噌應該是近似白味噌吧。

醬油，是從味噌衍生的調味料，油是「液體」的意思，也就是液體化的醬。最初的醬油，是以微火熬煮大豆煮汁，直到水份蒸發濃縮為止。東漢末期至宋朝期間的醬油，則是利用味噌所滲出、稱為「醬清」、「醬汁」的汁液，當時還僅是味噌的副產品。在中國，直到明、清朝時才有了「醬油」的稱呼，也才終於被視為一種調味料。

在日本，鎌倉時代末期、西元一二五四年時，信州的禪僧覺心從中國宋朝習得了徑山寺味噌的製法。據說他是在紀州湯淺教導村民味噌製法時，意外發現味噌甕底下殘留的汁液尤其美味，於是開始了「純大豆醬油（溜まり醤油，tamarishoyu）」的製造。室町時代，醬油又與京都五山的僧侶間所盛行的割烹料理以及與茶道盛行的懷石料理結合，成為了日本料理中的主要調味料。

山崎正和所著的《室町記》針對室町時代如此描述道：「奇蹟的是，這個時代既是亂世，也是擁有偉大品味嗜好的時代，畢竟這個時代至少創造了近半數的日本文化。無論是花道、茶之湯[4]、連歌[5]、水墨畫，甚至是能劇或狂言也都是這個時代的產物。今日我們日常生活裡的日式坐墊、和室的壁龕之誕生，乃至讓西方人感動不已的日本庭園之完成，都是源於這個時代的品味嗜好。還不僅於如此，就每日的食物來說，那些日本人所不可缺少的諸如醬油、砂糖、饅頭、納豆或豆腐等皆是傳承自這個時代。」也因為醬油，日本的飲食文化在室町時代有了飛躍性的成長。

西元十六世紀，中國明朝的醬油製法傳至日本，江戶時代的醬油製造才趨於正

3 譯註：負責調度、調理、製造天皇的副食、調味料之單位。
4 譯註：也就是茶道。
5 譯註：日本一種具傳統形式的詩。

規化。西宮、龍野、野田、銚子等地所製造的醬油也巡迴於日本各地。隨著醬油的普及，也成為生魚片不可缺少的拍檔。江戶時代以來，大豆醬油成為最能代表日本的調味料，也奠定了和食的樣式風格。

與日本一樣，朝鮮也深受中國的醬文化所影響，除了「kajan（醬油）」、「tenjan（味噌）」之外，還有稻米、麥類添加上辣椒與麴所發酵製成的「kochujan（辣椒醬，kochu是辣椒）」。這三者混合，再加上大蒜、辣椒、芝麻，即是朝鮮料理的基本調味料。

日本的醬油（soy sauce），又經由荷蘭商人傳至了歐洲，並被認為是日本固有的調味料。西元二十世紀時，醬油已是世界通用的調味料。至今，單就美國每年即消費約八萬至十萬公秉的醬油。

最後勝出的烏龍茶

茶的故鄉，與稻米同屬雲南的山岳地帶，並從此地往東傳播蔓延。起初，茶是用來防止睡意的清醒劑，以及身體不適時的解毒劑。直到唐朝以後，茶才變成了飲料。西元七八〇年，唐德宗在位的中國開始徵收茶稅，由此也不難看出當時飲茶所普及的程度。

確立茶的飲用方式，則是唐朝後期的陸羽（西元七三三～八〇四年）。他所著的《茶經》中提到，「煎茶」是將塊狀的茶（茶餅）搗碎後，置入茶瓶並加進鹽、薑等烹煮後的茶。唐朝末期，茶的飲用方式出現了變化，先將茶放入臼研磨成抹茶，再置入茶碗，然後將茶瓶裡的熱水慢慢注入茶碗，並一邊以茶筅攪拌，而這就是「點茶」的開端。所謂的「點」，指的就是將茶瓶裡的熱水注入茶碗的這個動作。

茶的沖泡方式，逐漸純熟而提升為貴族、文人的娛樂。大家開始追求以茶筅攪拌出湯花[6]，並迷戀湯花所產生的如畫般的種種變化。接著，又衍生出競相比較注入熱水的方式、茶筅攪拌的方式，也就是所謂的「鬥茶」。無論茶色、湯花的色

6 譯註：攪拌出的泡沫。

澤、湯花消失的早晚、茶湯完成的速度等，都是競爭相較的重點。

在鬥茶中，又以泛出白色湯花屬最上乘。蒸茶時的火侯、烘焙方式，也會影響到茶色的泛青或泛紅。再者，湯花消失的時間則是愈遲愈好。最後的勝負論斷，是由多次比賽中的勝出次數來決定。由於競賽盛行的結果，也帶動了人們對茶器的專研。鬥茶偏好使用的是塗上釉藥所燒成的黑色陶器，又以建州窯的黑盞最受歡迎。理由是，比較容易判別湯花消失的速度。

始於唐末的鬥茶，在宋朝則是都市居民所興盛的娛樂興趣，並流行普及於各階層。從日本去到宋朝中國留學的禪僧，遂將茶葉、茶道具、黑盞等一併帶回，最後在日本文化的洗滌下衍生形成了茶道。

直到清朝，中國的茶已經區分為無發酵的「綠茶」，添加茉莉花、梅花、玫瑰等花卉的「花茶」，完全發酵的「紅茶（黑茶）」，半發酵產生出酸化酵素、葉片中央因而呈現綠色、周圍發酵而變成紅色的「烏龍茶」等。其中又以福建、廣東、台灣所產的烏龍茶既能消油脂又能降低膽固醇，因而大受歡迎，並在往後的一百年間逐漸成為足以享譽國際的茶葉。

第四章 歐亞大陸的飲食文化交流

1 持續不斷的歐亞大陸的食材遷移

因移居・交易而移動的食材

歐亞大陸是多個不同文明並存的大陸地帶，也是人類文化史上的重要地帶。儘管諸多的料理（飲食文化）圈在此競相爭奇鬥艷，但彼此又不各自孤立，反而藉由草原、絲路、海洋這些路徑相互產生連結。隨著漫長歲月，不斷持續著食材、調味料、辛香料、料理法的壯大交流。

讓食材、料理法得以達到大規模交流的，則是交易、移居、戰爭。其中又以日常反覆的移居與交易最能達到交流之目的，也使得絲路、草原之路、海洋之路得以持續發揮功能，成為飲食交流的大動脈。當時，許多食材就是耗費了漫長的時間，依循這些路徑才得以遷移。

進入西元七世紀，世界史因「伊斯蘭的大征服運動」而有了重大的轉變。它造成了古代地中海世界、波斯世界的瓦解，橫霸三大陸的新勢力伊斯蘭世界開始影響著歐亞大陸。在伊斯蘭帝國的統治期間，西元八世紀中期的阿拔斯王朝（西元七五〇～一二五八年）時期，建構起連結歐亞大陸的大商業圈，也為東西的飲食文化交流做出莫大的貢獻。連結波斯灣到印度再經東南亞直抵中國南部諸海域的定期航線、地中海航路、縱斷撒哈拉沙漠的交易路徑、利用俄國的渚河連結起波羅地海與中亞的海盜交易航線、絲路等，這些交易往來路線的活絡，正是促成歐亞大陸大商業圈成立的重要因素。由這些路線所交織形成的網絡，也帶動了許多食材、料理法的轉移。尤其是印度的食材，在西元九世紀至十世紀期間從西亞蔓延至伊比利半島的整個伊斯蘭圈，促使諸如稻米、甘蔗、椰子、香蕉、芋頭、芒果、茄子、菠菜、柑橘類等傳播移植。

西元十三～十四世紀期間在蒙古帝國的稱霸下，歐亞大陸出現政治、經濟上的統一，強權支配下的陸路交易與海路交易，將歐亞大陸推往更大規模的飲食交流。同時，游牧民族的食材、料理法也充斥在農耕地帶。

阿里巴巴的咒語「芝麻」之謎

歐亞大陸的飲食交流，自遠古時期開始即不曾間斷。在眾多交流的食材中，原產於非洲的芝麻，是自遠古時代即流傳整個歐亞大陸的食材。據說，繩文時期就已經傳至了日本。

西非尼日河流域的草原地帶是「芝麻（英文sesame、法文sésame）」的原產地，經由許多人的手而傳播到了非洲、歐亞大陸的廣闊土地上。所以，芝麻是起始於非洲、又得以深入歐亞的少有食材，更是一種富含油脂的珍貴食材。

從非洲傳至西亞、印度的芝麻，英語的「sesame」是來自於希臘語，而其又源自於統一了美索不達米亞的亞述人的「samssamu」。另外，大家所熟知的兒童電視節目「Sesame Street（芝麻街）」，即是這裡提到的「sesame」。

古埃及時代已出現芝麻做成的糕點，印度河文明時代也已開始食用芝麻。由於芝麻油可以潤滑肌膚，經常用於溶化香料的美容油脂。玩弄羅馬凱薩大帝與馬克安東尼於股掌間的女王克麗奧佩脫拉（埃及豔后）（西元前六九～前三〇年），據說全身即塗滿了芝麻油以保持肌膚的光潤。直至今日，白芝麻製成的油脂仍用於整髮劑。

不過，在橄欖油大行其道的古希臘、古羅馬，芝麻並未受到歡迎，猶如過門而不得其入，羅馬的博物學學者老普里尼就曾記述：「芝麻傷胃」。

提到芝麻就令人聯想到《一千零一夜》的〈阿里巴巴與四十大盜〉。故事是說在波斯的某個城鎮，住著戈西姆與阿里巴巴兩兄弟。由於父親並沒有留下什麼遺產，兩兄弟僅能各隨命運擺佈。因此，兩人也踏上了各自截然不同的人生。哥哥戈西姆與女富翁結婚，變成了生活不虞匱乏的有錢商人。但是，弟弟則與窮苦的女孩結婚，過著賣柴維生的艱困生活。

然而沒想到，幸運之神竟轉向了阿里巴巴。在森林砍柴的阿里巴巴偶然發現四十名盜賊將金銀財富藏在洞窟裡，更不可思議的是，盜賊的首領說了「芝麻，開門（Open Sesame!）」的密語後，洞窟的門竟自動打開了。待盜賊離去後，阿里巴巴也利用「芝麻」的通關密語進入洞窟，並拿到許多財寶。哥哥戈西姆知道弟弟致富的祕密後，也企圖打開洞窟的門，但是他大喊著：「大麥，開門！」「蠶豆，開門！」「豌豆，開門！」「米，開門！」等，幾乎所有的穀物都當成咒語唸過了，但門仍不為所動。

不過在這個故事中，為何會以「芝麻」作為咒語呢？其實是因為熟透的芝麻外殼會突然縱向裂開為四半，而種子也掉落到地面，這個現象剛好可呼應洞窟自動打開的情景。一如隱藏不欲人知的財富，有一天突然昭然若揭。「芝麻，開門！」於是成了揭開隱藏在洞窟裡的財富唯一有效的咒語。看來，突然出現且富含滋養成分的芝麻種子，在伊斯蘭人們眼中是充滿著神祕色彩的。

沿印度河流域經絲路來到中國的芝麻，由於形似麻而被稱為胡麻或芝麻。帶有「胡」的名稱，即表示是從北方游牧圈傳至中國的物品。芝麻被賦予的神祕色彩也傳至了中國，甚至認為吃了芝麻就無需吃其他的穀物了。由於芝麻被當成是養生的食物，因而備受重視。

北宋的沈括所著的《夢溪筆談》記載，芝麻是西漢漢武帝時派至西域的張騫（？～西元前一一四年）從中亞的大宛（Fergana）所帶回的。也因此在中國，長久以來一直認為芝麻是漢朝時經由絲路傳來的。不過，在浙江省一處五千年前的遺跡竟挖掘出炭化的黑芝麻，看來芝麻應是在更早以前的古老時代即傳至了中國。

遠渡重洋的葫蘆與瓠乾

以印度洋與南海為中心，連結起紅海、波斯灣、孟加拉灣等多數海域的歐亞大陸南緣的臨海地帶，帶動了許多食材、辛香料的交流遷移。尤其是熱帶生產的辛香料，更備受地中海、西亞、東亞的大農耕社會所歡迎，因而也促使企圖開拓遠洋貿易的商人展開了冒險的航海。在此海域地帶，自極遠古時代已傳播開來的植物，即是可做成瓠乾的瓜科植物——夜開花。由於夜開花的果實曬乾後可以充當容器使用，因而廣受人們的喜愛。夜開花這個名稱，則是源於其在黃昏過後才會綻放出白色花朵。海苔壽司卷內的配料瓠乾，一直被視為日本的傳統食材之一，但其實那是夜開花的果實，是從遙遠的南亞漂洋過海而來的。

採收成熟到四、五公斤的圓形果實，將果肉撕成條狀後掛在竹竿上，經過夏日豔陽的一日曝曬，即變成了瓠乾。日本的瓠乾，九成皆產自栃木縣南部。另外，利用夜開花的果實做成瓠乾的地區，也僅有日本與中國。

做成瓠乾的夜開花果實、以及利用作為容器的葫蘆，儘管用途不同，卻是同種類的植物。夜開花的果實，可稱為葫蘆、瓠瓜、瓢瓜，成熟時外皮會變得堅硬，即可作為盛裝酒、水的容器。至於製作方式，則是採下成熟且外皮堅硬的果實，浸泡在水中使其內部的果肉腐敗後，再與種子等一併摘除，清洗乾燥後即成了容器用的葫蘆。在歐洲，以「bottle gourd（瓶瓜）」泛稱夜開花的果實。所謂「一簞（竹製的食器）食，一瓢飲」，其中的瓢指的即是葫蘆。在日本，豐臣秀吉的馬印[1]即是

1 譯註：出征時為彰顯武將身分所懸掛的印記。

「千成瓢簞」圖案。

秘魯或墨西哥約一萬年前的遺跡、泰國一萬六千年前的遺跡等多處遺跡，皆曾挖掘發現夜開花的蹤跡，有關其起源地也有了印度（西海岸的馬拉巴）、新大陸等各種學說。現在則以西非的尼日河流域起源說最具說服力，其推測夜開花是在極遠古時代順著海流流傳到各地域。由於夜開花的果實可以漂浮水面不沉落長達兩年的時間，再加上其種子的發芽力弱，極有可能隨著海流遠渡了大西洋，而漂流抵達「新大陸」。

在日本福井縣，繩文時代早期的鳥濱遺跡挖掘出葫蘆的碎片與四粒種子，由此可知一萬年前人們已開始栽種。從奈良縣唐古的彌生時代遺跡，也發現了夜開花、葫蘆。葫蘆可利用作為裝盛液體的容器，對古代的人們來說的確是相當有用的植物，又因其固有的特性，也許正如推測是在遠古時代經由海路傳播開來。寫於北魏時期的《齊民要術》，記載著所謂的「瓠」是葉可食用、種可供燭用、果肉可作為瓢乾、外皮則可充當容器。由此看來，在中國更是充分利用了夜開花。

2 跨越草原與沙漠而來的食材

從游牧世界發展開來的乳酪

自多瑙河、黑海北岸出發，經哈薩克草原來到蒙古高原的東西橫貫八千公里之大草原，曾是游牧民族的生活地。他們以飼養綿羊為主，約五、六個家族為一集群、每個集群彼此相距約十公里的方式散居於草原上。其生活甚為簡樸，舉凡衣、食、住諸物資、燃料皆仰賴飼養的家畜。在完全依賴綿羊、山羊、馬、駱駝等家畜的游牧社會，家畜的乳是極重要的食材。然而如何長期保存隨即腐敗的乳，卻是棘手的問題。為因應保存之目的，游牧民族遂發展衍生出發酵的技術。

於是，在綿羊、山羊、牛等家畜的乳中加入凝乳酵素與乳酸菌而製成的乳酪，成為游牧民族的飲食生活中最具代表性的食品。中亞至曾受到亞利安人入侵的印度，皆屬於乳酪的原產地，且其製法也傳播至歐亞大陸各地。目前，世界各地所製造的乳酪已多達八百種以上。

打造美索不達米亞文明之根基的蘇美人，其所製造的乳酪則是利用動物的胃黏膜等促使乳凝固，借微生物產生發酵，使得山羊、綿羊、牛等的乳轉化為固態的食品。另外，在乳酪製造的過程中，未去除水分的半製品則變成了酸奶。

古印度的聖典《梨俱吠陀》（西元前一二〇〇～前一〇〇〇年左右）甚至收錄了〈推薦乳酪之詩歌〉；成為西亞的主要宗教長達一千年以上的波斯教（Zoroastrianism）之創始人查拉圖斯特拉（西元前七世紀），據說二十年以來僅靠乳酪延續生命，最後靠著乳酪給予的力量得以證悟傳道，並創立了波斯教。從此也不難看出，自古以來乳酪即被視為能賦予人們神秘之精力的食品。

關於乳酪的誕生，眾說紛紜。例如，阿拉伯的傳說中說道，旅行途中的商人將山羊乳放進了曬乾的山羊胃袋所製成的水壺裡，待結束一天的旅程準備飲用水壺裡的羊乳時，竟跑出了白色的乳塊（乳酪）與透明的水。他試著嘗了那乳塊，竟有著難以言喻的風味，於是才有了乳酪的製造。

在地中海地區，乳酪的歷史也相當悠久。吟遊詩人荷馬（西元前九世紀）的史詩《奧德賽》中即出現了綿羊乳所製成的菲達乳酪（Feta Cheese），由此可推想得知，西元前九世紀以前人們就開始食用乳酪了。由於當時的古希臘已以橄欖油作為食用油，再加上所飼養的山羊或綿羊等的乳並不適合拿來製成奶油，因而更專注在乳酪的製造上。當時的人們認為，愈是乾燥且凝固的乳酪，品質愈佳。製造乳酪的技術，是在西元前一千年左右由伊特魯里亞（Etruria）人移植到義大利半島的倫巴底地區。羅馬帝國時期，乳酪備受歡迎，據說在西元前後期間市集已販售有各式各樣的乳酪。遇到心儀的女性甚至會以我的「乳酪小姐（caseus小姐）」來稱呼，也看得出羅馬人是多麼鍾愛乳酪。而羅馬人所說的「caseus」，也成了乳酪的字源。倫巴底地區的乳酪製造尤其興盛，因而誕生了青黴製成的藍紋乳酪中最頂級且呈現半硬狀態的戈爾根朱勒（Gorgonzola）乳酪。西元十世紀至十一世紀，又製造出需要一年至三年熟成時間且極硬的帕瑪森（Parmesan）乳酪。水分含量僅占百分之四十以下、利於保存的帕瑪森乳酪在數種義大利乳酪中最為人所知，又被稱為「義大利乳酪的女王」。

十九世紀的美食家布里亞．薩瓦蘭（Jean Anthelme Brillat-Savarin）曾說「沒有乳酪的甜點，就像少了一隻眼睛的美女」，也說明了一個意外嶄新的轉變，足以代表歐洲飲食的乳酪退居成為餐桌上的裝飾。西元九世紀在義大利製造誕生的戈爾根朱勒乳酪，是第一種出現在中世紀歐洲相關記載中的乳酪。據說法蘭克王國的查理曼大帝（西元七六八～八一四年在位）也為這種藍紋乳酪深深著迷。

中世紀期間，修道院肩負了乳酪的品質改良責任，尤其是熙篤會修道院。另外，若再細查幾種知名乳酪所出現的年代則會發現，瑞士的艾曼托乳酪（Emmental Cheese）出現在十五世紀、英國的巧達乳酪（Cheddar Cheese）則是在較近的西元十六世紀。至於荷蘭的高達乳酪（Gouda Cheese），直到西元十七世紀才經由荷蘭人傳至日本。

豆腐是「乳酪的替代品」？

對我們來說，豆腐是極為尋常的食材，但有一說認為豆腐是仿自入侵中國的游牧民族的乳酪。換句話說，我們餐桌上的豆腐，其實是游牧文化滲透下的產物。

原本東亞圈、東南亞圈即無利用家畜乳汁之習慣，乳酪因而也未能普及。不過，魏晉南北朝（西元二二〇～五八九年）至唐朝（西元六一八～九〇七年）則屬例外，那時正值游牧勢力如波狀似反覆進出中華帝國，游牧民族的食文化也滲透進入中國社會的時代。當時，盡是牛乳加熱濃縮後的酥、猶如柔軟的酸奶般的酪、類似凝固的酸奶或應該稱為乳酪的乳腐、像是牛油塊或牛油的醍醐等食材。一如所謂的「醍醐味」是謂最上等的美味，其中又以醍醐被視為風味最佳的食物。

乳腐（乳酪）也是珍貴的食材，曾一時普及於權力貴族階級，不過隨著游牧勢力的後退，乳製品也消聲匿跡，轉而利用大豆來製造乳酪的代替品。而那就是所謂的豆腐，在中國，「腐」意指柔軟且帶有彈性的固體。

磨碎泡水而變得柔軟的大豆，加水煮沸、榨出所需的豆乳，然後再加入鹽滷（氯化鎂）或石膏（硫酸鈣）使其凝固，即成了價廉且營養價值高的豆腐。對日本人來說，豆腐是便宜且營養價值高的蛋白質來源，因而備受珍重。豆腐是由中國傳入日本，絕對是無庸置疑的，然而究竟發源地的中國是何時開始製作豆腐卻成了懸案。

中國料理研究家篠田統認為，直到五代後晉（西元九三六～九四六年）至宋代（西元九六〇～一二七九年）初期官吏陶穀所著的《清異錄》才出現有關豆腐的文獻記載。然而，在中國長久以來一直相信，豆腐是西元前二世紀（漢初）創立漢朝的劉邦之孫、淮南王劉安為提煉長壽不老之藥，偶然發現可以讓豆乳凝固的鹽滷，遂研發出豆腐的製法。過去的日本也承襲此一說，普遍認為豆腐的製法是在奈良時代傳入日本。不過戰後，中日學者視此為毫無根據的俗論，認為有關豆腐始於漢初之見解，其實是源自南宋（西元一一二七～一二七九年）的俗論。

中國的化學史家袁漢青則認為，唐朝以前毫無有關豆腐的文獻記載，但值得注意的是宋朝的《本草衍義》出現了以臼研磨大豆製作豆腐的記述，於是推論是唐朝以後的五代的農民開啟了豆腐的製作。

日本學者篠田統也認為，西漢劉安的《淮南子》中的「屠者藿羹」，等同於日本的「紺屋の白袴（忙於他人的事卻自顧不暇）」之意，並不是關於豆腐的記述，若依據五代陶穀（西元九〇三～九七〇年）的《清異錄》中的「日市豆腐數個」，「漢初說」則無法成立，因而推論豆腐的出現是在唐朝（西元六一八～九〇七年）

中期以後。

篠田統又推測，豆腐的發明是受到北方游牧民族的乳腐（乳酪）之影響，在中國牛羊乳得來不易，無法製作乳腐，取而代之研磨煮過的大豆，以榨出的豆乳加上鹽滷使其凝固，因而做出了代用品豆腐。就篠田統的論點看來，豆腐與統合了游牧世界與農耕世界的唐朝之兼容並蓄產生了連結。的確，豆腐是接觸異文化下所誕生的食品，也是活躍於東亞餐桌上的國際巨星。來到蒙古人掌權的元朝（西元一二七一～一三六八年），中國各地皆有豆腐鋪子，豆腐成為最具代表性的庶民食物。對喜愛豆腐的日本人來說，過去中國因難以飼養充足的牛或羊而無法製造出乳酪之憾事，卻反倒是萬幸的事啊。

絲路商人的貯存食品香菜

過去絲路商人們囤積在駱駝背上的行囊中，裝有被充當作解毒劑、健胃藥、維生素補給源，並傳至東方的繖形花科的芫荽（Coriander，香菜）。芫荽，是與絲路交易有著密切關聯的食材。

日本人難以忍受道地的中國料理，其中的原因就是那帶有獨特香氣與辛辣味的香菜。就連我自己，由於已習慣日本化的中國料理，在中國也有過面對加滿香菜的上海料理不知如何是好，只得回旅館吃「飯糰」的痛苦經驗。

香菜的故鄉在地中海地區，與石榴同樣經由絲路傳至中國。香菜，原本名為芫荽，學名是Coriandrum sativum、源於拉丁語的「臭蟲（koris）」與「大茴香的種子（Annon）」，因為其具有極端且矛盾的兩種特性，尚未成熟的果實與葉片帶有臭蟲般的惡臭，待果實成熟時卻又散發出繖形花科的大茴香或檸檬般的芳香。

在原產地南歐，充分掌握了芫荽猶如細繩般散開且帶有辛辣味的葉片，以及其成熟果實的兩種特性，並各有其使用之道。

古埃及時已食用芫荽，算是歷史悠久的食材。其散發芳香的成熟果實，不僅可使用在肉類料理或醃肉腸的消除異味，還具有健胃、助眠、解毒等藥效，而這些早在古希臘時代即廣為人知。「醫學之父」希波克拉底斯（Hippocrates）（西元前四六〇~前三三七年）曾讚譽芫荽是具有藥效的食物。此外，芫荽在伊斯蘭圈或歐洲中世紀，更以催淫劑、媚藥而聞名。在《一千零一夜》中，就屢屢出現作為媚藥的芫荽。

過去航海於汪洋大海的船員，常因欠缺維生素導致壞血病，因而犧牲掉許多的生命。同樣地，在橫越沙漠的絲路之旅也需要補充維生素C，過度缺乏仍會致死。沙漠若是「海」，駱駝就形同「船」，而協助往來絲路的商人發揮其任務的則是芫荽。鹽漬的芫荽葉片可作為維生素的補給，果實則用於健胃、解毒劑。同時食用羊等帶有腥味的肉類時，其果實也可當作消除異味的調味料。因此，絲路商人將芫荽乾燥過的果實與醃漬過的葉片一同放在駱駝負載的行囊中。

駱駝運載著芫荽，經過絲路來到中國，再以香菜的姿態扎根中國的食文化。在中國，是使用芫荽花芽萌發前的嫩葉作為調味料，香菜不僅為中國料理添加了色彩，也能消除肉或魚的腥味。從前，隨著游牧世界的強大，游牧文化也滲透進入中國，羊肉料理曾蔚為流行，因此也帶動了香菜的普及。元朝時期，居於權力階級的蒙古人的食文化成為主流，比起豬肉料理，羊肉料理在當時的中國社會更是得寵。為了消除不利於食的羊肉腥味，中國人遂使用香菜消除異味，直到羊肉的流行褪去後，香菜卻依然保留了下來。而香菜與羊肉的搭配，的確是相得益彰。即使現在，中國的涮羊肉這道羊肉料理，其沾醬添加的仍是切得細碎的香菜。不過氣味濃烈的香菜，對偏好清淡風味的日本人來說恐怕是難以消受的，因而在日本並未能普及。

漢堡是蒙古帝國的遺產？

蒙古帝國時遠赴長征的士兵們，一人各率領六、七匹的馬以供每日輪流替換乘騎，一天下來即可直擊七十公里之遠，必要時還能殺馬充做食糧。馬既是武器又能是軍糧，的確相當便利。他們將生的馬肉混上野草放置在馬鞍底下，隨著乘騎，馬鞍底下的肉混雜了馬的汗水，在不斷溫熱、磨壓的過程中終於可以食用。而那些變得柔軟的肉即是他們的蛋白質來源。使用這樣的生肉做成的肉排，就是所謂的「韃靼肉排（Steak Tartare）」。

在歐洲，原本慣稱蒙古人為塔塔爾（Tatarlar）人。但基督教圈日漸感受到其強大勢力的威脅，不禁聯想到希臘神話中意指「地獄」的Tartaros，遂又衍生了韃靼（Tartare）的稱呼。馬肉是一種含有高蛋白質、低脂肪、豐富維生素的肉類，由於無寄生蟲，其實適合生食。不過，猶太教的聖經《舊約聖書》禁食馬肉，所以基督教、伊斯蘭教生活圈幾乎都不食馬肉。因此蒙古人生食馬肉的風俗，在他們的眼中遂成了奇異風俗。

西元十四世紀蒙古帝國的勢力擴展到歐亞大陸，游牧民族的肉料理、生肉料理也進出農耕社會，例如在蒙古人統治下的中國，也壓抑了豬肉食文化的傳統，轉而盛行羊肉料理。

有「蒙古的枷鎖（Tataro-Mongol Yoke）」之稱、從西元十三世紀至十五世紀約兩百年期間始終在蒙古人掌控下的俄國，也食用生肉的韃靼肉排。他們將熟成的生馬肉剁碎後，混上蔬菜、香草、辛香料、橄欖、甜洋蔥、蛋、調味料，然後夾上黑麵包，從此韃靼肉排搖身一變，完全顛覆蒙古人在草原大啖生肉的印象。至今，匈牙利或德國仍食用韃靼肉排。

俄國的韃靼肉排流傳至德國北部最大的港都漢堡（Hamburg），又變成了放在鐵板上烤的漢堡肉排。由於並無食生肉的習慣，再加上德國漢堡市擁有製造醃肉腸

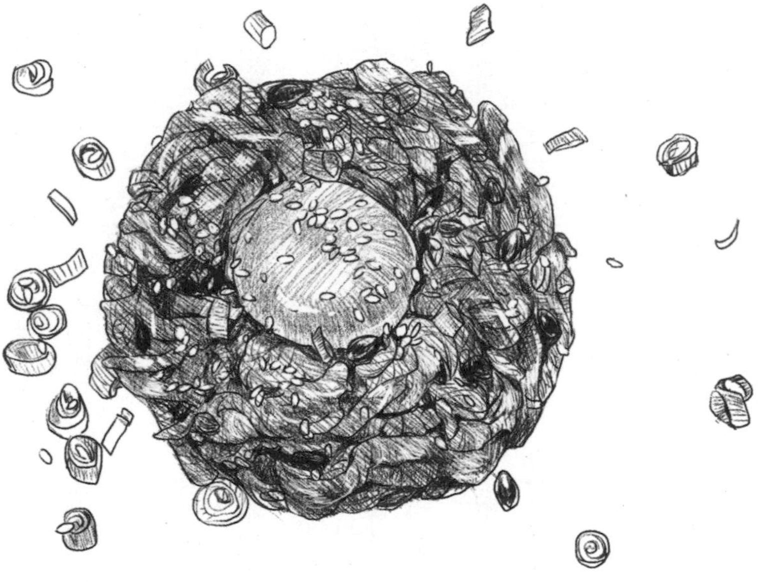

| 韃靼肉排 |

將熟成的生馬肉剁碎後，混上蔬菜、香草、辛香料、橄欖、甜洋蔥、蛋、調味料。

的悠久傳統，遂發展出獨特的烤韃靼肉排吃法。混入德國食文化的背景之後，韃靼肉排又有了大變身。烤過的韃靼肉排，在西元一八五〇年代隨著德國移民移植到了新興國家美國。不過在德國並無漢堡肉排這個料理名，由此可推測應是移民以北德國最大都市之名而命名。

以漢堡肉排為主要內餡的三明治就是漢堡。以漢堡肉排搭配上牛油、乳酪、洋蔥、生菜、黃芥末、番茄醬再夾上麵包的簡單食物，在西元一九〇四年的聖路易萬國博覽會，成為三十秒以內即可享用得到的簡便食品商品。自此，漢堡變成了代表美國的食品。而後，隨著第二次世界大戰後高速道路網的拓展開通，其得以用手拿著一邊開車一邊享用的便利性，更令漢堡迅速蔓延全美。自西元一九七一年左右麥當勞在日本的銀座開設分店以來，與可口可樂聯手合作的麥當勞利用全球化的進展，在世界各地形成分店網，漢堡已儼然成為世界性的商品。換言之，建立起蒙古帝國的生馬肉，如今又化身漢堡再度征服世界的食文化。

曾受蒙古帝國統治的朝鮮半島，也深受蒙古的生肉料理之影響。過去信奉佛教的朝鮮人本無食肉的習慣，但在蒙古的統治下品嘗到了肉的美味，於是烤肉成為食文化中重要的一環，並也食用韃靼肉排。

不過在朝鮮半島，以蒙古韃靼肉排為起源的生肉料理卻衍生出獨特的發展，那就是食用牛肉的肉膾（生拌牛肉絲）。肉膾，是韓語「肉」與「生食」的複合詞。在韓國並無食馬肉的習慣，因而以牛肉代替馬肉。選用的是牛的瘦肉，切成細絲後加上調味料、大蒜、芝麻，並添加蘋果、茄子與各種蔬菜，最後上面再放上蛋黃即是肉膾。英國料理中也有使用牛肉的韃靼肉排，不過卻不若韓國的肉膾那般聞名。

猶如暴風般席捲世界史的蒙古帝國，就飲食文化的層面看來，終究還是在人類社會史上留下莫大的足跡啊。

3 橫越萬里波濤

拯救船員的檸檬與萊姆

提到檸檬就聯想到「檸檬紅茶」，也予人是歐洲水果的印象。日本明治初期，檸檬由美國傳至日本，所以日本人曾誤以為美國是檸檬的原產地。不過，芸香科的檸檬的原產地是在印度北西部，但也有一說認為是在緬甸北部、喜馬拉雅東部山麓。總而言之，檸檬其實是亞洲的水果。

隨著歐亞大陸大規模的交易網絡發達，檸檬也在西元十世紀左右由伊斯蘭商人帶入伊拉克，而後又傳至巴勒斯坦、埃及。十字軍東征的西元十一世紀至十二世紀期間，檸檬又經由地中海沿岸各地傳到西班牙，也成為與十字軍東征有關的水果。

在地中海商人與印度交易活絡的西元前三世紀至前二世紀，來自印度芸香科的香櫞（Citron）傳至了地中海，並在希臘、義大利半島、科西嘉島栽培成功。所以檸檬算是繼香櫞之後、柑橘類傳播的第二波。

最初，檸檬是栽種作為藥材，然而在地中海貿易與大西洋貿易產生連結的西元十五世紀，由於義大利各都市、伊比利亞半島的需求增加，開始在西西里島與科西嘉島大量生產。一個檸檬含有五十毫克的維生素C，遠航於大海的船員攝取後可預防壞血病，因而是備受珍重的水果。

西元一四九二年，橫越大西洋、錯將加勒比海的伊斯帕尼奧拉島當作「黃金之國（Zipangu）」的哥倫布，在大規模的第二次航海（西元一四九三年）之際，將檸檬帶至了伊斯帕尼奧拉島。終於檸檬從西班牙人的居住地蔓延至加勒比海一帶，與歐洲交易的中繼站佛羅里達半島遂成為檸檬的大生產地，以供應各地之需。不過西元一八九四年的寒害，使得佛羅里達的檸檬消滅殆盡，檸檬的生產地又移至太平洋岸的加利福尼亞，也是世界最大的生產地。因此，也有所謂的加利福尼亞檸檬之稱。

另一方面，開展出繞道好望角再抵印度航路的葡萄牙也開始了檸檬的栽培，並培育出里斯本檸檬的著名品種。西元十八世紀，英國海軍軍醫林德證實了檸檬汁可以預防、治療壞血病，也讓壞血病、檸檬、航海產生了關鍵性的連結。在過去，檸檬是與海洋航海密切相關的水果。

與檸檬同屬於柑橘類、原產地也在印度或中南半島、經常使用於調酒的萊姆（Lime），狀似檸檬，不過皮較薄是其特色。香味、酸度較強並含有豐富維生素C的萊姆，在大航海時代隨著西班牙人傳至了墨西哥、西印度諸島。在南太平洋積極展開探險活動的船長詹姆斯・庫克，由於其率領的船隊運載著大量的萊姆，才得以在長達三年的漫長航海行程中僅有一名船員死於壞血病。也因此，西元十八世紀以後萊姆也成為預防壞死病的水果，並廣為人們所食用。

「不勞而獲」的辛香料

在世界數百種的辛香料中，胡椒、肉桂、丁香、肉荳蔻是被稱為「四大辛香料」的代表性辛香料。由於這四種辛香料稀少，也被用來彰顯地位，因而深受王侯貴族所珍重。在中世紀的歐洲甚至與白銀同價。舉例來說，當時的歐洲一把胡椒足以換得一頭牛。

這些辛香料中，又以摩鹿加群島與班達群島所產的丁香、肉豆蔻最為昂貴。因為，丁香與肉豆蔻僅能栽種在熱帶、且距離排水佳的海岸線不遠之斜坡地上。長久以來摩鹿加群島獨占丁香、肉豆蔻兩大辛香料的生產，也因而有了辛香料諸島（Spice Islands）之稱。

羅馬帝國時代人們已知丁香的存在，據說中國的臣子拜見皇帝時口中必含雞舌香（丁香）。至今，日本奈良的正倉院還保存著中國傳來的雞舌香之樣品。

肉豆蔻，是最遲才為世人所知的辛香料，其經由越南才傳至了中國唐朝，而當時已是西元八世紀初期。直到西元十世紀左右，伊斯蘭商人才將肉豆蔻當作辛香料販售。在歐洲，有關肉豆蔻的記載則始於西元一一九五年。自西元八世紀左右以來，伊斯蘭商人在蘇門答臘和馬來半島取得丁香、肉豆蔻，再推銷至歐洲以牟取更高的利益。

肉豆蔻來自可以長至高約十公尺的常綠喬木豆蔻樹，其種子內帶有香氣的核仁，自古以來即被當作健胃劑、芳香料、消除體臭藥使用。生長在高達數公尺的常綠喬木、是乾燥丁字形花蕾所製成的丁香，由於不靠近仍能聞得到芳香遂有「百里香」之稱，過去被當作生藥、辛香料使用。丁香的英語是clove，是從法語的clou（「釘子」之意）而來，但法語又源於拉丁語的clavus，是由於花蕾的形狀貌似褐色釘子而得其名。在歐洲，這兩種辛香料不僅用於料理也是醫藥品，因而備受重視。

過去，由於肉豆蔻與丁香僅產於食糧或衣料皆無法自給的摩鹿加群島與班達群島，雖然在伊斯蘭圈、歐洲或中國是極高價的辛香料，但與外界隔離的產地居民卻僅能以極低廉的價格換取到穀物或棉布等。看在從事遠程貿易的商人眼裡，無疑是可賺取莫大「不勞而獲」利益的垂涎商品。因此，爪哇商人、印度商人、伊斯蘭商人等競相擴張勢力。

大航海時代以後，葡萄牙人以及而後的荷蘭人控制了摩鹿加群島與班達群島，從中賺取了巨大利益。西元一五〇五年，丁香與肉豆蔻分別年產一百三十噸左右，半數運至印度、中國，半數去到了歐洲。在里斯本，丁香以原價的約八點七倍、肉豆蔻以約七點五倍的價錢出售。由此也不難想像，丁香與肉豆蔻為商人們賺取了多麼龐大的利益。

大量的豬與「大航海時代」

在肉食佔了極大比重的中世紀歐洲，最能蔚為辛香料代表的胡椒擁有如同貨幣的價值，可用於支付佃農租金，甚至作為參加婚宴時的賀禮等。於是為了取得無中間商剝削的價廉胡椒，也開啟了所謂「大航海時代」的嶄新時代。

胡椒的英語是Pepper，其字源是來自於梵語，由此可知，在古老的時代胡椒即是印度常用的辛香料。印度西岸的馬拉巴是印度洋交易圈的集散地，同時也是西南印度的胡椒原產地與主產地，因擁有大量的胡椒，遂吸引了波斯商人、伊斯蘭商人、中國商人、歐洲商人前來。科澤科德則是馬拉巴的胡椒囤積輸出港，也是率領兩萬七千多人艦隊的明朝鄭和（西元一四〇五～一四三三年間七度航海印度洋）的目的地之一，之後葡萄牙的瓦斯科·達伽馬也曾抵達於此。

胡椒分為黑胡椒（black pepper）與白胡椒（white pepper）兩種。黑胡椒是摘

｜胡椒｜

胡椒分為黑胡椒 (black pepper) 與白胡椒 (white pepper) 兩種。黑胡椒是摘取未成熟的綠色胡椒，再促其發酵而成，辛香味濃郁；白胡椒則是摘取完全成熟的果實，除去外皮後再乾燥，散發著溫醇的風味。

取未成熟的綠色胡椒，再促其發酵而成，辛香味濃郁；白胡椒則是摘取完全成熟的果實，除去外皮後再乾燥，散發著溫醇的風味。兩者的不同，在於製法的不同。另外，美國偏好黑胡椒，法國則喜好白胡椒。

西元一世紀埃及船員西帕路斯（Hippalus）發現了印度洋上會隨季節定期改變風向的季風（「西帕路斯之風」），自此經由紅海連結地中海與印度西岸的海上貿易即採取定期化。羅馬帝國時代，大量胡椒被運送到了歐洲，算是此流通交易的第一期。經過諸多地域的商人之手才能取得的胡椒，既是貴重食材，同時希臘的「醫學之父」希波克拉底斯也認為，胡椒是可以治療婦女病的醫藥品。所以羅馬帝國時代，胡椒是幾乎與貨幣等值的貴重品。逞口腹之欲的古羅馬人深為印度的辛香料（尤其是胡椒）所傾心，因而花費了龐大的金錢收購大量的辛香料。老普里尼即曾在《博物誌》唉嘆，歐洲人為了購買辛香料等，每年有五百萬枚以上的金幣流向印度。

歐洲在過去漫長的歲月裡，處處是陰鬱幽暗的森林。因而古羅馬人也稱高盧（現在的法國）的居民為「森林的子民」。對森林的子民——高盧人、日耳曼人來說，森林是諸神居住的壯麗神殿，他們認為槲樹巨木就是眾神之父奧丁的棲身之所。

西元十一世紀至十三世紀期間，歐洲的氣候從過往的寒冷期開始轉為較溫暖，再加上生產技術的進步，也加速了農業的發展。為馬套上十字的轡繩、驅使馬匹拖曳鐵鍬的技術從東方傳至了歐洲，由於馬兒的牽引力是人力的五倍以上，又能均等開墾土壤，只要再裝設可以犁出固定間隔溝渠的車輪鐵鍬（又稱為有輪鐵鍬、高盧鐵鍬），農務即能更有效率。因此，土地的耕作法也轉為三年休耕一次（三田制Three Field System），於是西元九世紀期間的收穫量是播種的兩倍左右，西元十二世紀左右又從五倍增加至六倍。此外，西元十一世紀時，製造麵粉的水車小屋急速普及增加。西元一〇八六年單就英國，估計即擁有五千座以上的水車。

對長久以來始終與森林共存的歐洲人來說，森林提供了生活所需的木材、果實、蜂蜜等，猶如生活中不可或缺的糧食庫。而以森林的橡樹果實（橡實）所餵養長大的豬，則是重要的蛋白質來源。當時的豬與野生山豬並無太大的差異，以橡實餵養後，一年的十一月至十二月期間則是宰殺的季節，然後再加工製作成鹽漬肉、火腿或醃肉腸等，這些即是冬季的蛋白質來源。而在加工與調理過程中所需的辛香料，則是自羅馬帝國以來即深受人們所喜愛的胡椒。由於磨成粉狀的胡椒不易保持風味，通常都是顆粒狀販售，待使用時才予以研磨。胡椒除了帶有刺激食欲的辛辣味、香味之外，還具有保存肉類、健胃、增進食欲的效果，其中又以具有催淫作用最令人們趨之若鶩。另外，胡椒也是足以彰顯出富裕與地位的食材，人人皆憧憬嚮往，因而對胡椒的需求也從不間斷。

不過，在歐洲無法生長、僅產於熱帶的胡椒，在印度西岸、東南亞島嶼等地栽培收穫後，還得受到伊斯蘭商人收取高額的仲介費才能轉送往歐洲。所以，胡椒在歐洲被視為奢侈品，可當作對君主的納貢、贖金、罰金、結婚時的祝賀金等，簡直是貨幣的代用品。文藝復興時期最有力的支持者、義大利佛羅倫斯富商梅第奇家族，其家徽即出現了象徵胡椒顆粒的圖騰，也有人說那是藥丸，但過去胡椒也被當作藥劑使用，所以兩種說法並無衝突。

中世紀的歐洲，伊斯蘭商人與威尼斯的義大利商人獨占了胡椒等香料的東方貿易，進入十六世紀後，隨著鄂圖曼帝國（土耳其）征服了埃及開羅的亞歷山大港，運往威尼斯的商品所扣的稅金更大幅提高。因此，胡椒價格攀升，還曾經高漲到原價的八倍以上。因此為了胡椒，歐洲人紛紛尋求開發直接前往印度的航線。此舉也掀起了胡椒大量運至歐洲的第二波。

隨著葡萄牙的亨利王子（Infante Dom Henrique）（西元一三九四～一四六〇年）持續的非洲西岸探險活動，也讓經由非洲最南端好望角的嶄新航線不再是夢想。亨利王子死後，後人的探險活動依舊持續，西元一四八八年巴爾托洛梅烏・迪亞士（Bartolomeu Dias）（西元一四五〇左右～一五〇〇年）抵達好望角，也讓迂迴非洲最南端的航路變得可行。西元一四九七年，由里斯本出發的瓦斯科・達伽馬（Vasco da Gama）（西元一四六九左右～一五二四年）率領了四艘共一百七十人的艦隊，歷經了重重困難翌年終於抵達胡椒的出貨港科澤科德。其結果，也開啟了抵達印度的新航線。

儘管瓦斯科・達伽馬的艦隊耗費三年的航海時間，甚至在過程中犧牲了百人的性命，但從科澤科德運回的胡椒卻未為他們帶來任何利益，反倒是幫葡萄牙王室賺取了高出航海經費六十倍的利益。貿易所帶來的高利潤，也使得穿越非洲南端前往亞洲的漫長航線變成必然。不過，促使胡椒貿易國營化的葡萄牙國王，卻不期待胡椒的大眾化與薄利多銷，每年僅派遣數艘船前往印度。

第五章　因「大航海時代」而變遷的地球生態

1　哥倫布大交換

史上最大的食交流

以葡萄牙亨利王子往非洲西岸探險為開端的大航海時代，在人們發現廣大海洋中的風系後，因地球表面的七成皆屬海洋，也開拓出以海洋主導歷史的時代。以往的「陸地帝國」，開始緩緩轉而邁向「海洋帝國」。對人類來說海洋的存在意義在於，航路的開拓促使相距遙遠的地域得以相互連繫，食材的大交流、龐大數量的食材、辛香料或嗜好品之輸送不再是夢想。

隨大西洋航路開拓，西班牙藉武力征服了「新大陸」的阿茲特克帝國（西元十五世紀～西元一五二一年）、印加帝國（西元一二〇〇左右～一五三三年），「新大陸」從此淪為歐洲人掌控。在歐洲人的主導下，「新大陸」與「舊大陸」之間展開史無前例且短暫的大規模飲食交流，也大幅塗改既有的飲食世界地圖。

在歐洲人的介入下，「新大陸」的植物與動物大規模移植到了「舊大陸」，也全面重組更換了世界的生態系。玉蜀黍等生產力較高的穀物，以及「新大陸」既有食材的普及，也為「舊大陸」的飲食文化帶來莫大的影響。隨著餐桌上食材的轉變，料理的樣貌也產生了變化。

源於「新大陸」的栽培植物，例如玉蜀黍、馬鈴薯、番薯、樹薯、南瓜、番茄、四季豆、花生、利馬豆、辣椒、青椒、可可（巧克力）、鳳梨、木瓜、酪梨、甜椒、香草、向日葵（蓖麻油的原料）、還有火雞等滲透進入歐洲、亞洲、非洲，也從此改變各地的生態系、飲食文化。例如既是粉圓的原料、同時也是非洲主要食材的樹薯，其實是經葡萄牙人從巴西移植至剛果，如今卻成為非洲最主要的作物。

「新大陸」成為複製的歐洲

隨著歐洲人的移居、開發，「新大陸」引發的生態系變貌，已遠遠超過「舊大陸」的變化，因為歐洲人徹底重新打造了「新大陸」。過去未有的麥類、稻米、蔬菜、橄欖、咖啡、牛隻、綿羊等被大量移植至「新大陸」，並耗費漫長時間將美洲的大平原、大草原改造成為歐洲的巨大食糧倉。在歐洲的人為介入下，來自「舊大陸」的動植物戰勝當地既有的動植物，生態環境產生劇烈變化。因此，後來美國、阿根廷、澳洲等才得以成為世界的農業大國，至今仍供應著世界所需的穀物或肉食。而在「新大陸」食糧倉的協助下，歐洲也一舉成為世界強大地區。

「大航海時代」無疑是這場食材、料理法全面性交流的起點，也為「新、舊大陸」飲食文化喚起前所未有的大轉變。其中歐洲不僅是馬鈴薯等「新大陸」移植作物的受惠者，同時也是改造「新大陸」成為食糧倉的受惠者。生態史學家阿爾弗雷德．克羅斯比（Alfred W. Crosby）針對生態環境變動所伴隨的植物、動物交流現象，在其西元一九七二年的著作中提出了所謂的「哥倫布大交換（Columbian Exchange）」。不過這場「新、舊大陸」植物、動物的相互交換所掀起地球表面的改頭換面，卻不在當初開拓通往新大陸航線的哥倫布之預料中。這場變化中又以「新大陸」最為劇烈，也因此「大航海時代」所衍生的「哥倫布大交換」，被視為飲食的第二次革命。

「大航海時代」以後，歐洲人掌控與美洲及非洲大陸間大規模的商品流通，不僅強迫他國高價購買歐洲的手工業製品，又以極低廉價格買進美洲大陸所生產的食材、調味料、嗜好品。另外，許多歐洲人開始移居美洲及非洲大陸，並在當地經營多種食材栽培生產的大農場，「新大陸」被打造得猶如歐洲人的「第二個歐洲」。在此背景下，促使環大西洋地域的商品交易大規模化，也帶動資本主義經濟的成長。如原本極為高價的砂糖在生產量激增後，搖身成為大眾化商品，就是最顯見典型的案例。

2　拯救「舊大陸」的食材們

玉蜀黍來自土耳其？

西元一四九二年，哥倫布攜帶玉蜀黍自「新大陸」回到西班牙。自此取代既有穀物、並肩負起「窮人的小麥」之重責的玉蜀黍，不僅填飽窮人們的肚子，西元十六世紀期間又傳至較溫暖的北義大利、南法等地中海沿岸，然後再往巴爾幹半島、土耳其、北非蔓延而去。西元十六世紀中期，甚至傳播至德國北部、英國。多產的玉蜀黍、以及傳播至阿爾卑斯以北的馬鈴薯，徹底革新了過去以麵包、肉類與乳製品為主的歐洲傳統飲食文化，而栽培簡單、收穫量相對出色的玉蜀黍，更拯救了眾多瀕臨餓死的人們。玉蜀黍在南法稱為「西班牙小麥」、在土耳其則是「基督教的小麥」、在義大利、德國、荷蘭則變成了「土耳其小麥」，從這些稱呼變化，也不難看出玉蜀黍是藉由何種路徑蔓延至整個歐洲大陸。

｜玉蜀黍｜

西元一四九二年，哥倫布攜帶玉蜀黍自「新大陸」回到西班牙，進而流播到全世界。由於玉蜀黍栽培簡單、收穫量出色，因而被譽為「窮人的小麥」，拯救了眾多瀕臨餓死的人們。

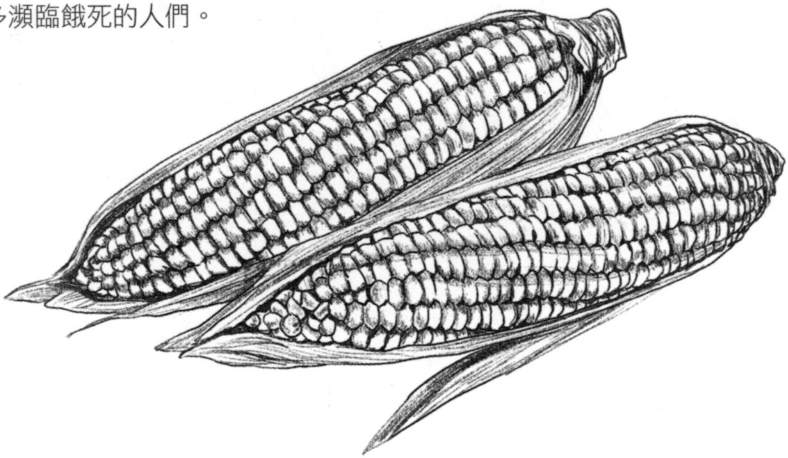

再者，「大航海時代」的歐洲，因橫跨稱霸三大陸的鄂圖曼帝國（西元十三世紀末～一九二二年）的緣故，凡是來自東方或伊斯蘭圈之物皆會冠上「土耳其」之名。例如，大黃又稱為「土耳其香草」、南瓜又稱為「土耳其的黃瓜（Turkish cucumber）」。此情況也與日本相似，日本對源於國外之物也一律冠上象徵中國的「唐（tou、kara）」。日本人稱玉蜀黍為「唐黍（とうもろこし，toumorokoshi）」，即是「唐（とう，tou）」的玉蜀黍之意，形同「土耳其小麥」的稱呼。

英語的玉蜀黍是「maize」，源於印地安的「maiz」，在美國、加拿大、澳洲則慣稱「corn」。不過這些開拓新大陸的移民也是經由印地安人才得知，玉蜀黍是最能遠離飢餓、也最容易取得的穀物。

玉蜀黍也曾經由葡萄牙人之手、橫越好望角而傳至亞洲。是在中國明朝（西元一三六八～一六四四年）時傳入的，十八世紀時普及中國南方。葡萄牙人則以「milho」之名介紹玉蜀黍給日本，但日本人不得其解，遂以日本既有的「黍」為比擬，才有了南蠻黍、唐黍等俗稱。不過玉蜀黍經葡萄牙傳至歐亞大陸以東的長崎時，已是西元一五七九年的事。自哥倫布航海以來耗費約一百年的時間後，玉蜀黍終於得以環遊世界一周了。

擴及全世界的馬鈴薯

西元前三千年安地斯山脈即開始馬鈴薯的栽種，也因而成為印加帝國（西元一二〇〇左右～一五三三年）的重要食糧。即使在低溫下仍能短時間豐收的馬鈴薯，因而與玉蜀黍並列為印加社會的主要糧食。

地下莖前端、肥大化部分可供食用的馬鈴薯，擁有將近約一百六十種的種類。在印加帝國，十月至十一月是馬鈴薯的栽種期。由於馬鈴薯需要充沛的雨量才能收穫，若未降雨的該年即淪為嚴苛的飢荒之年，所以適逢馬鈴薯成長期卻未下雨時，就會舉行大規模的祈雨，如果還是不下雨，則會犧牲小孩作為獻祭。

在西班牙征服印加帝國約十年後的西元一五四五年，秘魯的波多西發現了世界最大的銀山，並挖掘出數量龐大的銀礦。當時西班牙人強迫印加帝國的印加人挖礦，經印加人無薪勞役挖掘出的銀則被大量運往歐洲。那時被迫在礦山任由驅使的印加人是靠著「丘紐（chuño）」才得以活命，那是一種馬鈴薯澱粉乾燥過後的加工食品。西元十六世紀末，難以想像的大量的銀從「新大陸」源源不絕湧進歐洲，因而掀起「物價革命」，但追根究柢來說，這一切可都是價廉的馬鈴薯粉的功勞啊。

西班牙人最初誤以為馬鈴薯同屬於長在地底下的松露，也是一種蕈類。由於歐洲並無地下莖的作物，因而難以理解諸如馬鈴薯的食材。不過，利於貯藏又富含維生素C的馬鈴薯是預防壞血病的食物，因而深受大航海時代的船員喜愛。也幸虧這些船員，馬鈴薯才得以普及歐洲各地。

地下莖可供食用的馬鈴薯，耐風耐霜，由於短短三個月即能收成，最適合寒冷地栽種。在歐洲難以取得蔬菜的冬季，因是維生素的來源而備受歡迎。不過西元一五七六年經西班牙人傳入歐洲的馬鈴薯，直到西元十八世紀中期才普及歐洲各地。關於馬鈴薯如何傳至英國，有一說認為是英國海盜船船長法蘭西斯·德瑞克（Francis Drake）從南美的古巴帶回，還有一說則是西班牙的無敵船隊在愛爾蘭西海岸擱淺之際，經由愛爾蘭傳至英國。

處於寒冷地帶且土壤貧瘠的德國，更是大規模栽種生產馬鈴薯。為飢荒而傷神的普魯士國王弗里德里希・威廉（西元一六四〇～八八年在位）強制農民栽種馬鈴薯，甚至要脅不服從者割去耳鼻。而後，以啟蒙專制君主聞名的弗里德里希・威廉二世（西元一七四〇～八六年在位），更加推行馬鈴薯的栽種。威廉二世即位時，德國農村始終處於荒廢狀態，即位後又相繼發生奧地利王位繼承戰爭（西元一七四〇～四八年）、七年戰爭（西元一七五六～六三年）、巴伐利亞王位繼承戰爭，馬鈴薯則成為戰亂時期左右戰爭勝負關鍵的重要軍糧。因此，威廉二世頒出強制栽培令，促使馬鈴薯的增產。原本平淡無味得連狗都不吃的馬鈴薯，就在威廉二世的熱心獎勵政策下，逐漸成為平民生活中不可或缺的食材。

軍事評論家克勞塞維茲（Carl von Clausewitz）曾以巴伐利亞王位繼承戰爭為例，分析解說限定目的的戰爭，他認為那其實就是巴伐利亞與奧地利之間的馬鈴薯爭奪戰。因為兩軍為了打擊對手，徹底蹂躪敵方的馬鈴薯田。而這場雙方約有兩萬人死傷的巴伐利亞王位繼承戰爭，歷時約十個月，巴伐利亞則稱之為「馬鈴薯戰爭」。直到今日，馬鈴薯在德國、波蘭仍與黑麵包同入主食之列。

至於法國，由於迷信馬鈴薯對人體有害，人們皆不敢長期食用。藥劑師帕孟堤耶（西元一七三七～一八一三年）在七年戰爭（西元一七五六～六三年）期間淪為巴伐利亞軍俘虜，因而得知馬鈴薯是德國的平民化糧食，於是在路易十六（西元一七七四～九二年）的同意下力推馬鈴薯栽培的普及化。帕孟堤耶拜託路易十六配戴馬鈴薯的花，並分送給貴族以達到宣傳效果。另外，為了引發人民的好奇，還故意頒布禁止給予平民馬鈴薯的法令，藉此奉為高級食材。

在宣揚馬鈴薯料理美味的同時，帕孟堤耶在巴黎郊區薩伯隆的原野打造出五十英畝大的馬鈴薯田，並廣為宣傳是自南美洲引進的稀有作物。白天有武裝人員看守監視，入夜後又故意撤去看守員。附近農民見狀，以為農田內是既美味又昂貴的作物，於是趁半夜盜取，進而也開始栽種。自此，馬鈴薯的栽種才流傳開來。而後，在法國革命至拿破崙時代期間多年不斷的嚴重飢荒之下，栽種容易且收穫量高的馬鈴薯更是迅速普及全法國。法國料理中的「佐馬鈴薯（Parmentier）」即取自帕孟堤耶之名，而「Parmentier風味」則是指使用馬鈴薯做成的料理。

北美州的馬鈴薯是西元十八世紀初期由歐洲傳入，栽培則始於西元一七一八年的新罕布什爾州。美國又以炸馬鈴薯片最為知名，其實是廚師喬治・克倫（George Crum）於西元一八五三年偶然發明的。當時在紐約薩拉託加溫泉（Saratoga Springs）旅館擔任廚師的喬治・克倫，因顧客抱怨他炸的薯條沒有熟透，便切成薄片再炸，沒想到深受好評，進而研發出炸馬鈴薯片的料理法。不過，炸馬鈴薯片所含的卡路里是蛋的三點六倍、牛奶的九點五倍。此外在西元一九五〇年，隨美軍佔領日本，也將炸馬鈴薯片傳至日本。

愛爾蘭在西元一八四五年爆發馬鈴薯疫情，迫使數百萬愛爾蘭人陷於飢餓，西元一八五一年至一九〇五年期間約有四百萬愛爾蘭人不得不移居至美國，美國第三十五任總統甘迺迪的曾祖父也是當時的愛爾蘭移民。在美國，馬鈴薯又稱為「愛爾蘭馬鈴薯（Irish potato）」，其背後其實訴說著當時悲慘的飢餓與移民。西元二十世紀的兩次世界大戰，數百萬的人們也是靠著馬鈴薯才得以脫離飢餓。

在日本，馬鈴薯則是在西元一五九八年（另有一說是一六〇三年）由荷蘭船隊從爪哇島的雅加多拉（日語發音Jagatora）港「帶至長崎，雅加多拉也成為了日語馬鈴薯（日語發音Jagaimo）的字源。

跨越太平洋而來的番薯

與馬鈴薯對照之下，橫越廣闊太平洋直接傳至亞洲的解救飢荒作物則是番薯。馬鈴薯拯救了歐洲的飢荒，同樣地番薯也為中華圈激增的人口做出了貢獻。

番薯是原產於墨西哥高原的多年生攀爬性植物，根部肥大的部分屬於薯類可供食用。在主要農作物中，番薯屬於每單位面積卡路里供給量最多的作物。

西元十六世紀，從墨西哥前往亞洲的西班牙人雷加斯比（Miguel Lópezde Legazpi）從伊斯蘭教的酋長手中奪下呂宋島的馬尼拉，並作為占領菲律賓的據點。而後，西班牙人將新大陸所產的價廉銀礦從墨西哥的阿卡波可運至馬尼拉，並與穿越台灣海峽前往馬尼拉的福建商人開始大規模的貿易往來。這場大規模的貿

1 譯註：現在印尼的雅加達。

易往來，則以西班牙人使用的大型帆船Galleon命名，稱為「馬尼拉大帆船（Manila Galleon）貿易」。

番薯也是由當時的西班牙大帆船運至菲律賓。被墨西哥原住民喚為「kamote」的番薯，由於可以長期保存，船員買來作為航海食糧，因而去到了呂宋島。而後又在馬尼拉的中國人圈子流傳開來，進而傳至福建。

西元十六世紀中期，福州商人陳振龍發現番薯是不可多得的農作物，遂在返鄉之際，從呂宋島攜帶番薯橫越台灣海峽傳入中國。在中國，由於番薯的甜味與紅色，又俗稱「甘薯」、「甜薯」、「紅薯」。

西元一五九四年（明朝的萬曆二十二年），福建發生大規模的飢荒，陳振龍的兒子陳經綸以拯救飢荒作物之名義，將番薯獻給福建地方首長金學曾。金學曾看中番薯的多產性，開始積極努力番薯栽種的普及，終於救濟人民的飢餓之苦。從此，番薯也有了「金薯」之美譽，並成為福建農民最愛的作物。

明末的知名農學家徐光啟聽聞番薯之傳言後，在西元一六〇八（萬曆三十六）年的農作物欠收時栽種於上海，並以「最優良的救飢作物」之名廣為普及中國各地。在他的代表著作《農政全書》中，也記載著番薯的栽培法。人們逐漸理解番薯可以栽種在不適合穀物栽培的貧瘠土壤，而且又是優良的救飢作物，清朝乾隆年間（西元一七三五～九五年）更廣泛栽培於沿海地區、黃河流域等的荒地。自漢朝以後中國人口數始終保持五千萬人至一億人左右，來到清朝期間一舉激增到四億人，想必這也是番薯的功勞。

明日勘合貿易體制下，明朝禁止民間商人進行海外貿易，許多福建人便移居琉球，因為琉球人擁有在福建港自由貿易的特權。從此，過去長久以來的東南亞香木、辛香料之進口則轉由琉球負責，而這也是明日勘合貿易體制所衍生的因應措施。

因此，以那霸港為中心的琉球，串起連結東南亞、中國、朝鮮、日本的國際交易網絡，西元十五世紀以後更進入「琉球的大交易時代」。當時琉球船頻繁出入福州港，西元一六〇五年自明國歸來的野國總管[2]將番薯的栽培法傳至琉球。不過，

2 譯註：琉球野國村的總管。

積極從事番薯栽培普及的則是儀間真常。適應琉球風土的番薯，在當地又稱為「唐芋」，由於是最佳的救荒作物，十餘年的時間即普及琉球全島。

西元一六〇九年，率領百餘艘軍船、三千名士兵的薩摩軍占領琉球王國，西元一七〇五年鹿兒島山川的漁夫前田利右衛門將番薯帶回薩摩，並取名為「琉球芋」，至今山川仍留有祭祀他的德光神社。因火山灰地質而不利穀物生長的薩摩地區，更是善加利用番薯做成各種料理，番薯也拯救當地居民遠離了飢荒。另外，番薯也是最近大受歡迎的芋燒酎的原料。

3 滲透餐桌的「新大陸」

番茄是媚藥？

對世界各地料理賦予莫大影響的番茄，其實是「新大陸」產的食材。但是，番茄在歐洲為何還有諸如「愛的蘋果（英國）」、「黃金的蘋果（義大利）」、「天堂的蘋果（德國）」之稱呼呢？那是因為過去的歐洲，誤以為番茄是蘋果的一種。

事實上，番茄並不是蘋果，而是茄科植物，它與馬鈴薯同來自安地斯山脈。野生品種的番茄，直徑甚至不到一公分。番茄由安地斯傳至墨西哥高地後，經阿茲特克人的不斷品種改良，終於變成比野生品種大上數十倍的栽培作物。閃耀著金黃色色澤的番茄看來像似吸足了太陽能量，因而被印加人稱為「太陽的禮物」。

對於栽培的番茄，印加帝國的人們會在語尾加上「tomatl（意指碩大的果實）」以做區分，但在歐洲人不明就理的沿用下卻成了番茄的字源，所以西班牙語的番茄是「tomate」，英語則是「tomato」。

阿茲特克人偏好飲用添加辣椒的番茄醬汁，西元一五七一年西班牙傳教士荷西・迪亞科斯達（Jose de Acosta）去到中南美，並耗費約二十年的實地調查寫成了《新大陸自然文化史》，書中也論及番茄，並提到當地人偏好以番茄調和辣椒等極度辛辣的辛香料，而且柔軟、帶有充足水分的碩大番茄果實非常適合做成美味湯品。

有人認為，哥倫布在第二次航海時才將番茄帶回歐洲；也有人認為，是無名的西班牙船員所帶回的。在「大航海時代」遠渡大西洋來到西班牙的番茄，最初是沿用印加人的俗稱，稱之為「黃金的蘋果」。西元一五四四年的歐洲文獻首度出現了番茄，在威尼斯人所寫的書籍中提到番茄是一種「成熟時會變成黃色」的作物。長久以來番茄被當作鑑賞用作物，而不是食材，醫學界更有人認為它是具有神祕效用的藥用植物。

據說，西元一五九六年時英國的植物學家傑藍多即在自家庭院栽培並試食番茄。多產且被視為「太陽的禮物」的番茄，曾經被視為精力劑、催淫植物。古希臘，蘋果是愛與美的女神維納斯所有，是「愛」的象徵物。因此清教徒革命時，法律嚴禁番茄的栽培。如今被當作清爽蔬菜的番茄，在過去竟被視為催淫植物，著實令人難以想像啊。英國稱番茄為「愛的蘋果（love apple）」，在美國則因受過去印象的影響，以為番茄可賜予如狼般的精力，因而稱為「狼的蘋果（wolf apple）」。在法國，番茄也受到同等待遇而被稱為「愛的蘋果」。然而過去這一切，宛如是番茄的受難記。

西元十七世紀，葡萄牙人將番茄帶至日本，但是日本人不愛那獨特的氣味，因而未能普及。關於番茄的記載，西元一七〇八年貝原益軒的《大和本草》稱其為赤茄子，其他還有「番茄」等的稱呼。由此可知，當時的日本已將番茄視為茄子的同類。

西元十七世紀以後，番茄於得以栽培在歐洲義大利的溫暖戶外。西元十八世紀初期，西西里島是世界最大的番茄產地，種子則可榨油製成肥皂。番茄與義大利麵的搭配組合，則始於西元十八世紀初期的南義大利拿波里。以番茄為基底的拿波里醬汁（Neapolitan sauce），因其獨特的風味與色彩而大受好評。番茄既可掩蓋魚或肉的腥味，本身適度的酸味也能引出蔬菜的風味，再加上得以為料理增添色彩，從此一掃過去予人的印象。

西元十九世紀中期，義大利麵搭配番茄醬汁的料理方法普及全義大利，就連披薩也淋上番茄醬汁。西元一八〇四年法國的尼古拉·阿佩爾（Nicolas Appert）發明了密封玻璃罐，從此番茄玻璃罐頭開始普及，西元一八七五年佛朗切斯可·希利歐（Francesco Cirio）在北義大利的杜林（Torino）設立第一家的番茄玻璃罐頭工廠。同一時期在薩雷爾諾（Salerno）附近的聖馬爾札諾（San Marzano），改良栽種出細長如青椒般的熬煮用番茄，於是食用番茄的生產與加工開始步上軌道。直至現在，平均一位義大利人的年番茄消費量約五十五公斤（日本人約是九公斤），而在生產方面，義大利的產量約占歐洲總產量的四成。

四季豆與花生的大移動

多數的日本人以為四季豆是由中國的禪元禪師傳至日本，但其實它是來自「新大陸」的豆類。於西元一四九二年出發、再經過約六十天航海旅程而抵達加勒比海的哥倫布，誤以為那是亞洲的海域，並把古巴島當成契丹（中國大陸北部）的一部分，錯以為以南的海地島是「黃金之島（Zipangu）」。原本哥倫布追尋的是契丹帝國，最後卻將使節送往古巴，但也因此發現了香菸與四季豆。被帶回歐洲的四季豆被視為最能代表「新大陸」的豆類，在西式料理中經常可見燙過的四季豆與紅蘿蔔、馬鈴薯同為肉類主食的配菜。

有記載顯示，義大利人文主義家瓦萊里亞諾曾利用盆栽栽種、於西元十六世紀初期從西印度群島帶回的「fegiuolo（也就是四季豆）」，可見當時義大利已出現四季豆栽培。據推測，可能是當時的航海探險家將四季豆種子獻給教皇克里門七世，而其中的某些又被轉送了出去。

佛羅倫斯梅第奇家族的凱瑟琳．德．麥地奇（西元一五一九～八九年）嫁給法國國王亨利二世時，她的貼身廚師即將當時稀有的四季豆帶至法國。有人認為，她也許是從瓦萊里亞諾那兒得到四季豆的種子。

傳至法國的四季豆，直到西元十七世紀中期以後才逐漸成為餐桌上的食材，不過卻落得消化不良、胃脹氣等不甚友善的評價。西元十九世紀初期稱霸歐洲的拿破崙，據說非常喜好四季豆，但美食家布里亞・薩瓦蘭則認為四季豆是肥胖的禍源而厭惡不已。儘管如此，四季豆終究是戰勝了其他豆類，成為歐洲料理最常見的豆類食材。

至於美洲產的四季豆又是如何傳至中國呢？其實真相已難考究，不過據推測原因是明朝末期海禁政策不嚴謹，中國商人熱絡於走私交易，有可能是葡萄牙人或西班牙人傳至中國。明朝的《本草綱目》出現關於四季豆的記載，所以可知當時四季豆已來到中國。如今，四季豆也是中國料理中相當尋常的食材。

李自成之亂（西元十七世紀前期）後一蹶不振的明朝，終遭女真人滅國，並於西元一六四四年建立起清朝帝國，但也興起沿海地帶的反清復明運動。原以廈門為根據地的海商鄭成功（西元一六二四～六二年），退居至台灣時擊退了以台灣為據點的荷蘭東印度公司之軍隊，在台灣積極從事反清。當時許多反清復明之士皆遠渡赴日、以尋求援助，宣揚新興禪宗——黃檗宗的隱元即是其中一員。隱元在西元一六五四年抵達日本，西元一六六〇年因將軍德川家綱賜予宇治的土地，遂創建了黃檗山萬福寺。據說，四季豆就是由隱元傳至日本。這也是為何美洲產的豆類，在日本[3]卻有著中式名稱的緣故。另外也有一說認為，隱元帶至日本的其實是原產於熱帶非洲的扁豆。

目前的豆類中，產量僅次於最大宗的大豆的，則是原產於「新大陸」的花生。花生也是重要的蛋白質與植物油來源。英語的「peanut（花生）」是合成詞，「pea」意味著屬性、「nut」則是風味。關於花生的原產地，有西印度群島說、也有巴西說等，其中又以玻利維亞的安地斯地域之說最受採納。

花生是一種奇特的植物，首先結出蝶形的小花，花蕊授精後子房的花柄延伸成長直入地底，然後再結出如繭般的果實。由於地上開花、地底結果的奇妙特性，因而也有「落花生」之稱。自「大航海時代」以後傳至世界各地，西元十八世紀初期時經中國傳至日本，因此也稱為「南京豆」。

西元十六世紀初期，掌控黑奴的葡萄牙商人將花生當作船旅食糧，因而傳至非

3 譯註：日語是隱元豆（ingenmame）。

洲西岸。所以，花生是經由奴隸貿易船才抵達西非。此外，西元十六世紀初期西班牙人將花生從南美西岸傳至菲律賓群島，然後再傳播至中國、日本、印度、馬達加斯加。

西元十八世紀末期，花生隨黑奴從非洲被帶至美洲，等於是經由非洲又回到了「新大陸」。在美國，花生的普及其實與黑奴問題有著密切關聯。因廢除黑奴與否而引發的南北戰爭（西元一八六一～六五年）後，美國的花生栽培更加興盛。南方食用炒花生的習慣也被北軍帶回北方，從此普及美國全國。

來到西元一八九〇年，素食主義的約翰・凱洛格醫師（John Harvey Kellogg）（西元一八五二～一九四三年）利用花生的植物性油脂製造了號稱健康食品的花生醬，從此花生醬便普及於西元二十世紀的美國。

火雞是印度的雞？還是土耳其的雞？

最能代表「新大陸」肉禽的火雞，雖與雉雞同科，外觀卻不甚好看。其頭部至頸部的皮膚外露，並呈肉塊狀、疣贅狀，羽毛則有紅、藍、紫等顏色的變化。不過與外觀截然不同的是，其肉質非常鮮美。

布里亞．薩瓦蘭在著作《美味禮讚》記述著：「號稱老饕的人類，其最初的雙親啊，您們僅為了一顆蘋果就能毀了自己，但若是塞滿松露的火雞，那又該如何是好呢？」看來美食家布里亞．薩瓦蘭也非常著迷於長相怪異的火雞的肉。

在感恩節（十一月的第四個禮拜四）或聖誕節，享用塞滿菇類或栗子的火雞之習慣風俗則始於美國。在美國，巨大的火雞被視為肉禽之王。由於慶祝耶穌誕生的聖誕節時節正值火雞雛鳥、菇類或堅果類可食用時期，於是在美州的歐洲移民便將原住民食用火雞雛鳥的飲食文化納入基督教節慶中，也算是一種異飲食文化的融合。

然而如此文化融合的背後，卻訴說著奠定美國開拓根基的清教徒移民始祖（Pilgrim Fathers）之苦難生活，以及他們與原住民的交流。西元一六二〇年，清教徒為逃避英國詹姆斯一世（西元一六〇三～一六二五年在位）的迫害，一百零二位清教徒搭乘帆船五月花號，抵達波士頓東南方的普利茅斯，也就是所謂的清教徒移民始祖。

他們在嚴苛的氣候與飢餓脅迫下從事殖民地的建設，而最後拯救其生命的卻是傳授農業技巧的原住民。因此，翌年的十一月存活下來的清教徒們為了感謝上帝與原住民而舉行感恩節，並享用當時殖民地最豐盛的料理──燒烤火雞。而後逐漸形成習慣，最後也變成聖誕節大餐。西元一八六三年，美國林肯總統將十一月第四個禮拜四的感恩節制定為國定假日。而加拿大的感恩節，則是十月的第二個禮拜一。

野生的火雞棲息於中美洲至北美洲地帶，阿茲特克人、馬雅人等稱之為「pavo（美麗的鳥）」，並視為神聖的象徵。據說埃爾南．科爾特斯（Hernán Cortéz）（西元一四八五～一五四七年）占領阿茲特克帝國時，宮廷每天吃掉一百隻的火雞。西元一五一八年，西班牙人將火雞從中美洲帶回歐洲，開始在地中海沿岸培育飼養。同時，燒烤整隻碩大火雞的飲食文化也傳至了歐洲。

美食家布里亞．薩瓦蘭說：「火雞雖稱不上是家禽中最大且最高雅的，但肯定是最美味的。」此話一出，據說當時十一月至二月的四個月間，巴黎約有三萬六千隻火雞被用於料理中。由此可知，在西元十九世紀初期食用火雞的飲食文化在法國已根深蒂固。

不過，因為哥倫布錯把新大陸當成印度，於是將當地的原住民稱為印地安人，而這些誤解也反應在火雞上。火雞傳至歐洲時，歐洲人就誤以為美國的原住民是印度人。因此法語的「dinde（母火雞）」，即衍生自「inde（印度）」或「d'inde（來自印度）」。另外，火雞還俗稱「jesuit（耶穌會信徒）」，因為火雞是由耶穌會信徒傳至法國的。

英語則稱火雞為「turkey」，也就是土耳其的雞之意。如此荒唐無稽的稱呼，其實是因誤把火雞當成原產非洲、而後經由土耳其傳至英國的珠雞（turkey-cock，土耳其雞）。因此，起初火雞是「turkey-cock」，之後才縮短為「turkey」。

4　新大陸培育養成的嗜好品

巧克力是「苦水」？

原產於亞馬遜河流域的梧桐科的可可種子，是巧克力的原料，其種子乾燥、磨成粉末後即是「可可」。原本中美洲的阿茲特克人、馬雅人稱可可樹或其果實為「ka-ka-atoru」、「kakau」，卻在以訛傳訛下變成了「cocoa（可可）」的稱呼。可可的學名是Theobroma cacao，其中的「Theo」是男性神、「broma」是食物之意，串連起來即是「神的食物」。因人們讚嘆其美味，而有了這樣的美譽。也因此，可可是足以代表「新大陸」的高貴嗜好品。

可可的收穫自植樹後的第四年開始，往後的二十年至二十五年期間皆是收穫期。其長十五公分至二十公分的紡錐形果實裡塞滿了四十粒左右的種子，平均一株樹每年約可採收七十至八十顆的果實。中美洲的馬雅人與阿茲特克人將可可的種子

|可可豆|

原產於亞馬遜河流域的梧桐科的可可種子，是巧克力的原料，其種子乾燥、磨成粉末後即是「可可」。

與玉蜀黍的種子一同搗碎後，加水熬煮再添加辣椒，製成黏稠狀的嗆辣飲料。墨西哥高原的阿茲特克人稱其為「chocolatl（苦水）」，而這就是英語chocolate（巧克力）的字源。

在阿茲特克帝國，可可豆是獻給國王的貢品，也作為貨幣使用，一百粒可可豆可換得一位奴隸。西元一五二一年時，三十六歲的埃爾南．科爾特斯率領五百名步兵、十四座的大砲、十六匹的馬殲滅了阿茲特克帝國，同時可可也被西班牙人帶回歐洲。聽說埃爾南．科爾特斯與阿茲特克帝國的蒙特蘇馬國王見面時，非常傾心於國王飲用的「chocolatl」，返國之際遂將可可豆與加工用品一併帶走。

而後巧克力成為西班牙王侯貴族間流行的奢華飲品，不過為配合歐洲人的味覺，遂以「新大陸」產的香草與砂糖取代了既有的辣椒，調製出現在我們所見的巧克力飲品（西班牙語的巧克力則是「可可的飲料」之意）。於是，原本阿茲特克帝國又苦又辣的巧克力，來到西班牙卻變成香甜的巧克力。往後的約百年間，西班牙貴族始終獨占這風味，從不曾流傳到他國。

西元十七世紀初，西班牙公主安妮（Anne d'Autriche）嫁給了法國國王路易十三世（西元一六一〇～四三年在位），飲用可可的習慣也流傳至法國貴族，並在法國、義大利掀起風潮。想當然耳，當時墨西哥產的可可已難以應付需求，於是開始尋求擴增栽培地。

最初，可可由西班牙獨占，中美洲所產的可可僅出口至西班牙，西元一五二五年又移植到加勒比海的千里達島，而後更在委內瑞拉設立可可農園。完成於西元一五六七年的委內瑞拉首都卡拉卡斯，從此成為當地大農場大量生產的可可之集散地。因此在過去，卡拉卡斯也是可可的都市。西元一六八四年的委內瑞拉共有三十七萬棵可可樹，在可可農園工作的黑奴則有一萬六千人，來到西元十八世紀後更激增到五百萬棵、二十萬人。

荷蘭人將委內瑞拉的可可移植到庫拉索島後，開始出口至歐洲，也破壞了西班牙所獨占的可可貿易。西元十八世紀末期歐洲諸國飲用可可蔚為習慣，可可僅能栽培於委內瑞那的西班牙政策也開始有所鬆動，從此可可的栽種擴及厄瓜多等周邊地域。脫離葡萄牙而獨立的巴西，於西元一八八八年廢止了奴隸制度，獲得自由的黑奴離開過去的甘蔗農園，開始在零星的農地栽培可可。西元一九〇〇年，以巴西為中心的南美洲成為世界主要的可可生產地，生產量占世界的百分之八十以上。

西元十七世紀，西班牙人又將可可移植到殖民地的菲律賓，而後荷蘭人也將可可移植到斯里蘭卡與印尼諸島。至於非洲方面，在荷蘭人介入下非洲西海岸幾內亞灣內的聖多美島也開始栽培，西元十九世紀後期再由當地人移植到了西非。

西元一八二八年荷蘭化學家范胡騰（Coenraad Johannes van Houten）發明了可以除去可可油脂的機器，因而製造出巧克力粉，也就是現在的可可粉。如今，世界最大的可可生產公司仍屬荷蘭的van OUTEN品牌，正因為可可是荷蘭人最喜愛的飲料。西元一八四七年英國西部的布里斯托港鎮利用可可所抽取出的油脂（可可油），加入砂糖、可可的粉末，製作出不可飲用的「食用巧克力」，而那即是目前大家普遍認知的巧克力。

辣椒與塔巴斯哥辣醬的淵源

與茄子屬同類的辣椒，原產於秘魯，自古以來即是美洲大陸廣泛使用的辛香料。而帶有甜味的辣椒，則是青椒、甜椒。哥倫布錯以為加勒比海的伊斯帕尼奧拉島為「黃金之國（Zipangu，日本）」，因而見識到島上稱為「aji」的辣椒，西元一四九三年被帶回西班牙後，至今西班牙仍俗稱辣椒為「aji」。

安地斯一帶，據說在印加帝國以前即使用了辣椒。此外，馬雅文明時期的辣椒不僅是調味料，也作為整腸劑。

西元一五一九年，西班牙的埃爾南・科爾特斯（Hernán Cortéz）耗費二十一年時間征服了墨西哥的阿茲特克帝國，並將可能是塔巴斯哥品種、帶有強烈辛辣的辣椒帶回西班牙。這種辣度強勁的辣椒在各地的品種改良下，逐漸呈現多樣化。辣椒稱為「Chili」，但與南美的智利（Chile）（是「大地之盡」的意思）毫無關聯，完全是因為辛辣食物在西班牙被稱為「Chili」的緣故。

辣椒也廣為擁有固有辛香料文化的亞洲所接受，並為印度、東南亞、中國、朝鮮等的飲食文化帶來莫大影響。辣椒在西元一五四三年經由拜訪種子島的葡萄牙人傳至日本，當時的日本人稱其為「南蠻胡椒」（或是「南蠻」、「南蕃」）、「蕃椒」。至於日語的「唐辛子（辣椒）」，據推測是豐臣秀吉侵略朝鮮李朝之際，由尚不知辣椒是何物的日本武士從朝鮮帶回，因而衍生的稱呼（鄭大聲《朝鮮的食物》）。

其實，朝鮮的辣椒是從日本傳至朝鮮的，當時還有「倭辛子」之稱。偏好清淡口味的日本並不甚喜愛辣椒，不過傳至朝鮮後，在與米、麥製成的麴混合發酵、熟成後即變成了辣味噌，是朝鮮料理中最基本的調味料。泡菜這類的發酵食品，也是以辣椒作為調味料。所謂的泡菜，是以鹽醃漬白菜、蘿蔔等，而後再與魚貝乾貨、大蒜等連同辣椒混和醃漬發酵而成。又以白菜的泡菜最有名，不過泡菜的種類多達近兩百種，近年來日本也流行食用泡菜。

在歐美，以辣椒做成的辣味調味料塔巴斯哥（Tabasco）辣醬最為有名。所謂的塔巴斯哥，是征服墨西哥阿茲特克帝國的埃爾南・科爾特斯，與懂得阿茲特克語而成為其得力助手的年輕女孩瑪琳齊（La Malinche）兩人相遇的墨西哥南部土地，就原住民的語言說來則是「濕潤的土地」之意。美墨戰爭（西元一八四六～一八四八年）之際，名為葛里森的美國士兵自墨西哥帶回美國前所未有、帶有強烈辛辣度的紅辣椒之種子。而後取得種子的愛德蒙・麥克亨（Edmund McIlhenny）在路易斯安那州的自家農園栽種成功，南北戰爭後他利用這種辣椒混上鹽、辛香料，經過三年的發酵製成了辣椒醬。西元一八六八年，愛德蒙・麥克亨為此辣椒醬冠以「塔巴斯哥（Tabasco）」商品名，開始對外銷售，由於非常適合搭配路易斯安那州的魚料理，因而聲名大噪。

足以麻痺舌頭的超辛辣塔巴斯哥醬又經紐約傳至歐洲，從此其辛辣也流傳於世界各地。由此歷史淵源可知，辣椒的確非常適合用於發酵。

5　也擴及日本的「飲食大交流」

葡萄牙人、荷蘭人傳來的風味

值得注意的是，「大航海時代」以後經世界交流由新大陸、亞洲傳至歐洲的產物，幾乎在同一時期也被帶進了日本。其中負責的推手，則是葡萄牙人（南蠻人）與荷蘭人（紅毛人）。所以，「大航海時代」也將日本列島捲入了這場世界史的大變動。

在「大航海時代」，穿越非洲最南端的好望角輾轉來到亞洲的葡萄牙人，看中日本是銀產出量占世界總產量三的分之一的產銀大國，更熱衷於與日本的交易，而交易所衍生的副產物，即是那些傳至日本的稀有食材、料理。這場與世界飲食文化間的大規模交流，其實是日本與歐洲的首度文化接觸。

安達嚴的《食物傳來史》提到，葡萄牙人傳至日本的食材，料理中有玉蜀黍、蠶豆、馬鈴薯、南瓜、辣椒、番茄、肉豆蔻，在家畜方面則有兔，另外還有麵包、餅乾、castella（蜂蜜蛋糕）、bolo（一種圓形餅乾）、confeito（金平糖）、有平糖、浮石糖、天麩羅、雁擬（什錦豆腐炸）、雞肉鍋、葡萄酒、燒酎。無論是歐洲的食材或料理、「新大陸」或伊斯蘭圈或東南亞的食材或辛香料等，皆是透過葡萄牙人傳至日本。還有，日語的香菸、杯子、玻璃也是源於葡萄牙語。

之後才來到日本的荷蘭人，其所傳來的文化皆通稱為「紅毛文化」。日語的咖啡、啤酒、白蘭地、派、湯、牛乳、奶油、罐頭、桌子或餐桌、叉子、湯匙、廚師等皆源於荷蘭語。以「大航海時代」為契機而潛入的歐洲文明，不可否認地也為日本的飲食文化提供了富有嶄新可能性的素材。

宗教習俗所衍生的天麩羅與炸薩摩

葡萄牙人傳至日本的料理中，以天麩羅來說吧，由於過去日本食用油炸物的歷史短淺，直至西元十七世紀以後才開始普及。若以油為基底的中國料理為例，大致可分為「炒（短時間的炒）」、「煸（長時間的炒）」、「爆（高溫的炒）」、「炸（油炸）」、「溜（炸或炒後淋汁）」、「煎（以少油煎烤）」、「貼（單面煎烤）」七種烹調法。相較之下，在日本料理方面，由於油的使用在過去未能普及，大抵僅限「炸」或「炒」的程度。

日本料理是以水為基底的料理，油未能普及的理由實則因為擁有豐富的水資源、未使用耐高熱的鐵鍋，以及食用油昂貴等。不過，在菜籽油普及後，狀況即起了逆轉。水田二毛作的普及，稻米休耕時即種植油菜，因此自室町時代以來不再侷限芝麻油，也使用平民化的菜籽油。

然而，僅有這些條件仍不足以促使油炸料理法的完整。位於歐亞大陸以西外圍的葡萄牙，其船員們在繞過好望角、經過麻六甲海峽後終於抵達日本群島，而這趟充滿苦難的航海旅程也成為日本人發明「天麩羅」的靈感。「天麩羅」就是在與異文化接觸過程中衍生，並成為現今足以代表日本的料理。最初天麩羅油炸的食材多是麩、蒟蒻、豆腐等，與現在的天麩羅相距甚遠。從「天麩羅」的「麩」字，也不難看出其典故。直到江戶時代初期，才出現炸魚等趨近今日樣式的天麩羅。

西元一六一六年，七十五歲的德川家康聽聞富豪茶屋四郎次郎說起近畿一帶正流行以芝麻油油炸鯛魚，於是迫不及待嘗試了，結果卻因腹痛而臥床不起，最後竟一命嗚呼。據說是因德川家康吃不慣芝麻油炸物，引發消化不良，再加上其他併發症因而喪命。但也有一說，認為是胃癌所致。總之，德川家康在世時，天麩羅是剛興起的新潮料理。

日語的天麩羅（テンプラ，tenpura），一般認為是源於葡萄牙語。有關其字

源，又分為tempero（調理）、temporas（基督教禁肉食的四旬節）、templo（教會）等不同說法。其中又以temporas（基督教禁肉食的四旬節）最具說服力，認為是復活節前四十天的禁肉食期間（四旬節），日本人看見葡萄牙船員僅吃鯡魚等油炸物，因而以此為料理名。所謂的四旬節是因為耶穌曾在荒野斷食修行長達四十天，基督教徒也沿襲特定期間禁肉食的習慣。這也是為何天麩羅不以肉食為食材的原因。關西地區的魚漿油炸物「薩摩揚」，也稱為天麩羅。其實，「薩摩揚」本就是天麩羅的一種。但因為就關東人看來，猶如是薩摩地方獨自衍生的天麩羅料理，故取名為「薩摩揚」。後來天麩羅出現了專屬的醬汁，終於脫離葡萄牙料理的框架，奠定出日本料理的形式。

江戶時代中期，天麩羅相當普及盛行，開始出現如現在裹上麵粉再炸的天麩羅。西元一七四八年冷月庵谷水所著的《料理歌仙的線團》提到，「只要裹上烏龍麵的粉（麵粉），什麼魚都可是天麩羅。菊葉的天麩羅也好，或是什麼牛蒡、蓮藕、長芋也都可以是天麩羅，只要裹上混了水、醬油的烏龍麵的粉再炸就是了。」江戶時代後期，天麩羅也是攤販販售的食物，因類似即食食品而廣受庶民的歡迎。

直到江戶末期，才出現店家規模的天麩羅專賣店。

來自伊斯蘭世界的雁擬

足以代表日本料理之一的關東煮，即源自味噌田樂（若依宮中侍女的說詞則是「御田（おでん，oden）」）。關東煮中的配料中，又以「雁擬（がんもどき，ganmodoki）」最為特別。

若追尋雁擬的來歷，其實是由葡萄牙船傳來、名為「飛龍頭」的西洋點心所演變而來的。然而事實上，飛龍頭並不是葡萄牙本地的點心。飛龍頭是一種油炸肉餡麵團的點心，也就是伊斯蘭圈食物的果仁蜜餅（Baklava）。隨著伊斯蘭教徒入侵伊比利亞半島，果仁蜜餅也傳至西班牙、葡萄牙。由於葡萄牙人的航海事業集中在南部的阿爾加維，該區域是深受伊斯蘭文化影響的地帶，例如葡萄牙知名的藍色瓷磚畫（azulejo），即是源自伊斯蘭的細密畫（miniature），同樣地，飛龍頭也是複製自伊斯蘭的飲食文化。最後伊斯蘭圈的油炸點心穿越非洲最南端的好望角，再經

｜雁擬｜

雁擬的來歷，是由葡萄牙船傳來、名為「飛龍頭」的西洋點心所演變而來的。飛龍頭是一種油炸肉餡麵團的點心，也就是伊斯蘭圈食物的果仁蜜餅(Baklava)。隨著伊斯蘭教徒入侵伊比利亞半島，果仁蜜餅也傳至西班牙、葡萄牙，後來再輾轉經由印度、麻六甲海峽直抵日本九州。

但是對於當時還不習慣肉食的日本人來説，「飛龍頭」是難以接受的食物。為了將飛龍頭納入日本的飲食文化，日本人僅取油炸的外型，內餡的肉則換成了豆腐。而後又添加水分較少的牛蒡、大麻籽等再油炸，漸漸演變為現在所見的雁擬。

由印度、麻六甲海峽直抵日本九州，但對不習慣肉食的日本人來說卻是難以接受的食物，而把它當作零嘴點心。

為了將飛龍頭納入日本的飲食文化，日本人僅取油炸的外型，內餡的肉則換成了豆腐。由於採用日本最普及的食材豆腐，外來的飛龍頭隨即變成了油炸豆腐。而後又添加水分較少的牛蒡、大麻籽等再油炸，漸漸演變為現在所見的雁擬。

改變自葡萄牙食物的飛龍頭，在九州、關西則寫成漢字「飛龍豆」，儘管搭配上日本傳統的食材，但卻保留了既有的名稱。另外，由於內餡的肉（雞肉、雁肉）換成了豆腐，所以又稱為「雁擬」，這也是最為人所知的名稱。令人玩味的是，雁擬身為關東煮的配料，又是攤飯或小酒館皆可享用得到的平民食材，其實是穿越萬里波濤的大航海歷險之後，才終於得以端上日本人的餐桌。

第六章　砂糖與資本主義經濟

1　蛻變成日用品的嗜好品

因海洋而現身的資本主義

西元十七世紀期間，延續了十六世紀後期「舊大陸」與「新大陸」之間的「哥倫布大交換」，原本膨脹的歐洲經濟開始陷入收縮的轉換期。又正逢自秘魯、墨西哥流入的銀礦大幅減少，歐洲經濟的成長出現停擺。

此時期，歐洲不僅盛行「新大陸」的食材栽培，同時為供應歐洲市場的需求，

「新大陸」也出現栽種商品作物的大農場，促使砂糖、咖啡等歐洲人希求的商品大量流入歐洲。由於這些殖民地得以栽種多種歐洲難以栽培的作物，眾多嶄新的食材不斷湧入歐洲人的餐桌，彷彿也預告著全球化的來到。

西元十七世紀，以貿易為優先的重商主義政策掛帥，歐洲各國競相擴大交易版圖，其中位居絕對優勢的則是新興商業國荷蘭。荷蘭在荷蘭獨立戰爭（西元一五六八～一六四八年）中脫離西班牙而獨立，憑藉著卓越的造船、航海技術在西元十七世紀初期奠定了歐洲海上的霸權。不過，海軍力不足的荷蘭在西元十七世紀後期迅速沒落，西元十八世紀英國崛起、確立霸權。西元十七世紀至十八世紀期間，連結環大西洋海域的貿易熱絡，促使世界資本主義體制的健全化，也為而後的工業革命奠定了經濟上、政治上、精神層面上、社會體制上的基礎。

此時期的歐洲人在「新大陸」的大農場大量生產甘蔗、咖啡等商品，同時也在亞洲各地大規模進行商品作物的栽培，再加上自中國清朝購買入大量的紅茶，皆為歐洲的餐桌注入了莫大變化。此時期最主要的商品還是砂糖，也因為砂糖，歐洲的餐桌走向了國際化，並帶動了歐洲資本主義經濟的成長。

大農場與博物學

西元十七世紀是「科學革命」的世紀，以物理學理論解釋地球的牛頓是此時期的代表性人物。不僅如此，西元十七世紀也是博物學盛行的時代。當時，歐洲聚集了來自世界各地數量龐大的動、植物與知識，當中具有商品價值者紛紛被栽培、飼育於世界各地作為商品。歐洲人以博物學所獲得的知識為根基，進行全世界植物、動物的交流或移植，大規模重新打造地球的生態系。當然，各地的料理、食材、調味料也隨之衍生極大的變化。

在以「新大陸」為主軸、並於世界各地所經營的大農場，歐洲人驅使當地的原住民、移民、黑奴等淪為廉價勞力，日以繼夜大量生產以銷售至歐洲市場為目地的商品作物。由於，新大陸的大農場唯有與歐洲的經濟緊密結合，才得以永續，於是砂糖、香菸、植物染料、咖啡等商品作物被運至歐洲各港口，然後再從那些港口出口。過去往來於海洋的食材、調味料、辛香料、嗜好品皆屬奢侈品，但隨著大量生產又轉變為日用食品。也因為這些從世界各地搜括而來的食材、調味料、辛香料、嗜好品，才一舉豐富了歐洲的飲食生活。

砂糖的漫長旅程

至今，甘蔗仍是世界上產量最多的農作物。利用壓碎甘蔗莖所榨取的汁液，即能精製出易溶於水的結晶體砂糖。大航海時代以後，在巴西、加勒比海域的大農場所大量生產的砂糖，成為環大西洋地區的主要商品，也是導向資本主義經濟的原動力。

在此我們先回頭看看，為歐洲飲食帶來大變動的砂糖之過往足跡。砂糖的英語是「sugar」，源自法語的「sucre」，而法語的「sucre」又源於阿拉伯語的「sukkar」或梵語的「sarkara」。循著字源追溯，即可理解甘蔗是印度人在東南亞栽培的商品作物。甘蔗的原產地是東南亞的新幾內亞，印度則是第二的原產地。創始佛教的釋迦，據說其家族就是以甘蔗作為徽章圖騰，也因此推測他們曾在喜馬拉雅山麓栽培甘蔗。馬其頓的亞歷山大大帝（西元前三三六～前三二三年）遠征印度時，從司令官尼阿卡斯的報告得知，「印度並不借助蜜蜂採蜜，而是從葦草的莖製蜜」，所以當時的印度已經懂得使用砂糖。所謂的「葦草的莖」，指的就是甘蔗。

西元前一世紀左右，甘蔗傳入中國，直到兩百或三百年後人們才開始懂得砂糖的精製技術。西元一六〇九年奄美大島的居民漂流到了中國福建，翌年帶回甘蔗苗栽培製造，那也是日本最初的砂糖。

西元八世紀中期以後，伊斯蘭的大貿易交易圈逐漸形成，甘蔗的栽培也從印度轉移到了伊拉克，並經由賽普勒斯島傳至埃及等地中海沿岸。埃及的精製糖業興起於西元七一〇年以後，西元九世紀初時甘蔗的栽培與製糖興盛，並出口至各地。西元十四世紀中期由於瘟疫肆虐，砂糖的生產也隨之衰退。不過當時的威尼斯商人在賽普勒斯島，吉諾瓦商人則在西西里島開始種植甘蔗。

中世紀的歐洲，十字軍東征時經由威尼斯傳來的砂糖，成為當時極貴重的物品，並被當作藥品使用。著有《神學大全》的知名神學家多瑪斯・阿奎斯（Thomas Aquinas）更斷言，砂糖是促進消化的藥品。

就在葡萄牙亨利王子（Infante Dom Henrique）（西元一三九四～一四六〇年）

占領馬德拉島等非州沿岸諸島作為殖民地之際，葡萄牙人也因甘蔗栽培而獲取莫大利益。西元一五八〇年左右，甘蔗終於移植到了巴西。西元十六世紀後期至十七世紀前期歐洲所需的砂糖，半數以上皆來自巴西。

成為階級象徵的砂糖

進入西元十七世紀後，荷蘭開始有利可圖的甘蔗栽種。荷蘭移民紛紛在南美東北部的蓋亞納建造甘蔗的大農場。西元十七世紀中期以後，英國、法國為謀求優渥利益，也開始投入砂糖的生產。

西元一六二四年英國占領了位於西印度群島東側的巴貝多島，西元一六五五年又占領比起巴貝多島大約三十倍的牙買加島。向荷蘭人學習砂糖製造方法的英國人在這兩個島上設立了大農場，開始大規模的砂糖生產。西元十八世紀時，牙買加島已取代巴西、成為世界第一的砂糖產地。

西元十七世紀末，法國奪取了原為西班牙屬地的希斯盤紐拉島（現在的海地），並在首都聖多明各開始甘蔗大農場的經營，也因此西元十八世紀時海地與牙買加島並列為砂糖大產地。隨著砂糖的生產也引發了所謂的「砂糖革命」，造成西印度群島生態系的大規模變動，以及大批黑奴所帶來的社會動盪。大航海時代時期因天花肆虐導致原住民銳減的西印度群島，卻又因砂糖而成為黑奴的世界。大量生產的砂糖，從此凌駕亞洲的胡椒、丁香、肉荳蔻等調味料，也繁榮了環大西洋的商品經濟。

西元十八世紀，隨著砂糖的生產量激增，原屬於奢侈品的砂糖變成了生活必需品。據說西元一六〇〇年時平均一個英國人的砂糖消費量是四百公克至五百公克，十七世紀時約是兩公斤，十八世紀時則增加至七公斤。換句話說，砂糖也深入貧窮人家的餐桌，平民也享用得到「甜味」。為滿足猶如提高社會地位的虛榮感，平民百姓開始在日常生活中肆無忌憚地享用過去被富裕階層所獨占的砂糖，而這也是促使砂糖在短時間內消費量激增的最大因素。

之後，大西洋的砂糖又與中國的茶、伊斯蘭圈的咖啡結合，在歐洲形成新穎的飲食嗜好文化。另外，日本江戶時代的荷蘭東印度公司將砂糖從爪哇島帶至長崎的出島，並稱為「出島砂糖」，在當時可是極珍貴的奢侈品。每年，許多的「出島砂糖」經由大阪被送至江戶城，作為和菓子的原料藉以取悅大奧的女性們。當時日本的砂糖價格昂貴，為荷蘭東印度公司謀得莫大的利潤，相對地日本的幕府卻為「出島砂糖」的大筆支出而傷神。在歐洲，砂糖是溶於紅茶或咖啡；在日本，卻是揉進和菓子裡。

撐起砂糖生產的奴隸貿易

熱帶地區並無四季，甘蔗得以長年收穫。只要栽種時期適宜，可以長成高三公尺至六公尺、粗兩公分至五公分的甘蔗，且一年皆可收穫。收穫時以手摘取下接近土壤的莖部，再以鐮刀削去枝葉、並摘掉前端未成熟的部分，然後成堆綑綁即送往大農場的砂糖工廠。從甘蔗莖所榨取出的汁液，經過精製、濃縮、結晶化、分蜜、乾燥、冷卻的處理後，即能製造出砂糖。

不過收獲後的甘蔗，其甜度會急速喪失，必須掌握時機製造成砂糖，遂需要大批的勞工協助加工處理。於是，無數的黑奴被迫在巴西、西印度諸島等大農場從事勞役。

一座擁有一千名左右勞工的砂糖大農場，即能年產八十噸的砂糖。在西元一六四五年位於巴貝多（Barbados）的某英國人的信件提到，購入的黑奴約一年半內即可還本，黑奴無疑是致富的「金雞蛋」。因此，西元一七〇一年至一八一〇年的一百零九年間，有二十五萬兩千五百名黑奴被運往巴貝多島、六十六萬兩千四百名黑奴則運往了牙買加島。

來到西元十八世紀，咖啡、紅茶的普及也帶動砂糖需求的增加，西印度諸島的大農場隨之更加蓬勃發展。除了砂糖，棉花、植物染料、香菸、咖啡等也是大農場增加栽培的品項，理所當然黑奴的需求也增高，而主導這一切的即是英國人。英國在西班牙繼承戰爭（西元一七〇一年～一三年）的講和條約、烏特勒支條約（the Treaty of Utrecht）（西元一七一三年）中取得了西班牙殖民地的奴隸貿易權，再加上奴隸的大量運送方案，終於迎頭趕上荷蘭等的奴隸商人。在奴隸交易據點的利物浦港，奴隸船載滿棉布、武器、火藥、金屬工藝品、玻璃工藝品、酒等前往非洲西岸以換取奴隸，然後再運送奴隸前往美洲各地販售，並購買當地的砂糖、棉花等再返回歐洲，成為三角循環的貿易。

僅以二至三磅價錢購入的奴隸，英國的奴隸商人卻又以二十五至三十磅賣出，從中牟取暴利。西元十六世紀至十九世紀初期，經奴隸貿易從西非運往他處的奴隸總數將近一千萬人至兩千萬人，其中三分之一的黑奴是在西元一七六〇年至一八一〇年的五十年間被運往他國。

2 連結三大陸的嗜好品

「cha」與「tay」的中國茶

砂糖所帶有的甜味，深受女性歡迎。不過，畢竟難以平白無故地食用砂糖，因此還需要找到可以搭配砂糖的夥伴。維爾納・桑巴特（Werner Sombart）（西元一八六三～一九四一年）所著的《戀愛與奢華與資本主義》提到，「女性崇拜與砂糖的結合，在經濟史上有著極重要的意義。因為——女性一旦處於優勢，砂糖隨即成為受歡迎的嗜好品。既有了砂糖，咖啡、可可、紅茶等咖啡因飲品也連帶流行於歐洲」，由此看來，女性的喜好、女性的優勢、砂糖的普及這三者是息息相關的。為因應熱愛甜味的女性之強烈需求，再加上得以與嶄新的食品結合，砂糖逐漸日用品化。在日本，砂糖透過和菓子與綠茶產生連結，不過在歐洲，則是直接與紅茶、咖啡、可可等嗜好品起連結。今日女性嚮往名牌包、手錶等高價品，說穿了與過去追求砂糖、紅茶、咖啡的嗜好並無二異。也許是因為追求階級地位的「虛榮心」正是人類的基本欲望之一吧，被視為「地位象徵」的紅茶、咖啡或砂糖在當時喧騰一時。

西元十八世紀，大量的中國紅茶進口至英國，而與砂糖有了連結。從此紅茶滲入民間，成為英國的國民性飲品。另外，各國對茶的稱呼又分兩派，一是「cha」、一是「tay」，前者是源自廣東話，後者則是源於福建話。廣東、福建皆是海外

｜茶｜

伴隨著砂糖貿易的興盛，茶文化席捲了歐亞的餐桌，成為流行的飲品。

貿易的據點，元朝時福建的泉州、唐宋明清四朝時廣東的廣州是中心貿易港。

沿用廣東話「cha」的有印度（cāy）、波斯（chāy）、阿拉伯（shāy）、土耳其（cay）等屬於傳統「海路」沿岸的地域，也有西藏（ja）、俄國（chai）等屬於內陸的地域。

屬於福建話「tay」派系的則是，中國元朝對外貿易達到頂點時以泉州為中心的廣闊網絡、以及西元十七世紀與進出台灣的荷蘭有所關聯之國家。因此，印尼（te）、斯里蘭卡（thea）這些與中國人交易的據點皆屬「tay」；在歐洲方面，受荷蘭（thee）茶文化影響的法國（the）、英國（tea）等也屬於「tay」。自古即接觸茶的日本，則兼具cha與tay的兩派。日語的「茶（cha）」是cha派，而「喫茶（kissa）」的「sa」則被認為是從tay所演變而來。也因此，由茶的不同讀音，即能看出其傳播起源的兩大據點分別為何，以及茶的傳播路徑（茶路）。

約在西元一六一〇年時，荷蘭人首度將中國的茶帶往歐洲。當時的茶被當作是防止昏沉或治療感冒的藥劑，而非生活必需品。由荷蘭人進口的茶有福建的烏龍茶、武夷茶（武夷山栽培的茶）、浙江的綠茶、天台茶（天台山栽培的茶），而英國人最喜歡的則是武夷茶。

清朝時的中國，偏好的是半發酵的烏龍茶。西元十八世紀，茶與砂糖的結合在英國蔚為風潮，不過當時英國人喝的茶是紅茶。紅茶是全發酵的茶，在中國是屬於碎茶類的廉價茶，因而利於英國的進口。不過也有一說是，因為濃郁的紅茶較適合肉食文化的英國。除此之外，烏龍茶等經過發酵的茶葉偏向黑色，在中國稱為「黑茶」，也因為如此，英語的紅茶也稱為「black tea」。

為何英國人喜歡紅茶？

光榮革命（西元一六八八～八九年）後，與夫婿一併從荷蘭被請回英國擔任英國國王的瑪麗二世（西元一六六二～九四年），努力將荷蘭的紅茶與陶瓷器移植英國，而後的安妮女王（西元一六六五～一七一四年）則讓早餐喝紅茶（早餐茶）的習慣蔓延全國。西元十八世紀的英國，有一派認為茶與麻藥相同，長期飲用會上癮中毒；但也有人認為茶可以治療多種疾病，具有藥效。儘管兩派爭論不休，但飲茶的習慣最終還是蔓延開來。不過由於茶被課以高額的消費稅，西元十七世紀末茶的進口量年僅三十五噸至四十五噸。

西元十八世紀，廣州的對清貿易由英國的東印度公司獨占，又以紅茶為最大宗，從此促使英國飲茶的大眾化。西元十八世紀初期，東印度公司所收購的茶葉中綠茶占了六分之五，直到西元一七四〇年代紅茶的進口才激增。西元一六八〇年至一七四〇年期間紅茶的進口量大幅提升，價格甚至跌至原本的八分之一，就在此時大眾化的砂糖遂與紅茶巧妙結合在一起。頓時東印度公司的茶進口量，從西元一七二〇年代的年四千噸激增到西元一七五〇年代的一萬六千噸，從此茶變成了各階層皆得以享用的英國國民飲品。也因此西印度諸島的砂糖與中國的紅茶，深深滲透英國的飲食文化。另外，原本經營湯姆咖啡館的湯姆士・康寧（Thamas Twining），直到西元十八世紀初期才開始從事茶葉的零售。西元一七一〇年約有九百名顧客在康寧（Twinings）購入茶葉，那份顧客名單還保留至今。

西元一七六〇年以後由於工業革命的進展，為因應勞動者的需求出現大量不純的廉價紅茶。茶商以不純的茶充當廉價紅茶早是家常便飯之事，市面上七成的純紅茶中約有四成都是假紅茶。風氣之甚，因而還出現意指「在茶中混入不純物」的新字彙「smirch」。

開始盛行下午茶習慣的西元一八四〇年代，又出現將使用過的紅茶染色後再混入新茶販售、等於是回沖過的茶葉。據說當時每年有三萬六千噸使用過的茶葉，為了再製造販售而被回收。

美國人討厭紅茶的理由

飲用紅茶在歐洲蔚為習慣後，唯一的紅茶出口國——中國的茶葉出口量一舉倍增。財政困難的英國政府眼見紅茶的流行，便課以將近百分之兩百的重稅，茶葉稅遂成為主要的財源。

位於美國的十三個殖民地也深受英國的影響，而有了飲用紅茶的習慣。不過，被課以重稅的紅茶卻是乏人問津。因為波士頓等港口所進口的走私茶葉約占總量的四分之三，而依正規手續從英國進口的茶葉卻不到四分之一。在法國對印第安人戰爭（french and indian war）（西元一七五五～六三年），英國成功將法國趕出北美洲，但戰爭也造成財政的困難，為了殖民地駐軍所需的費用，戰後更施行一連串的課稅政策。

儘管廢止從英國本土再出口的茶葉之關稅，但從其他地區進口至殖民地的紅茶卻須課以更重的稅。此結果一時之間造成來自英國的紅茶在殖民地處於優勢，不過由於殖民地商人積極走私不課重稅的紅茶，來自英國的茶最終還是銳減。

西元一七七三年，英國政府為挽救業績不振且持有大批庫存紅茶的東印度公司，遂制定茶法，東印度公司得以優先以低於倫敦交易市場的價格，將大批庫存的茶葉賣給殖民地，也就是降價傾銷。此舉造成殖民地的紅茶過剩，備感威脅的紅茶走私商人為遏阻東印度公司的紅茶卸貨上岸，便以波士頓港為據點展開一連串的抗議運動。塞繆爾・亞當斯（Samuel Adams）等人組織了「自由之子」的政治團體，主要的訴求即是反對英國傾銷廉價的紅茶。

西元一七七三年十二月，三艘滿載紅茶的東印度公司之貨船因風向緣故，竟遠離目的地的紐約而抵達走私興盛的波士頓港。但看在波士頓走私商人的眼裡，無疑是英國政府的挑釁。因此，約九十名激進派分子變裝成印第安人闖入停泊的東印度公司船隻，一邊叫嚷著「要把波士頓港變成茶壺」，一邊將三百四十二箱的紅茶丟入大海，因而引爆了波士頓茶葉事件。

事件的騷動延燒到查爾斯頓、費城等地，英國政府力圖鎮壓，因而採取封鎖波士頓港、出兵直接統治麻薩諸塞州等的高壓政策，而殖民地這方也極力對抗英國政府。西元一七七五年，因英國軍在康科發現殖民地民兵的武器庫，與抵抗的殖民地軍在萊克辛頓（Lexington）發生了武力衝突，因而爆發美國獨立戰爭（西元一七七五~八三年）。殖民地軍在法國的支援下，總算得以獨立。不過法國因支援美國獨立卻造成財政赤字，在西元一七八九年釀起了法國革命。美國獨立戰爭與法國革命遂成為促進「近代市民社會」的契機，然而這一連串的大變動卻又源自歐洲與北美洲日常飲用的紅茶之課稅問題。

西歐化的伊斯蘭圈嗜好品——咖啡

紅茶成為英國圈所喜愛的飲品，相對地歐洲諸國則流行咖啡。

喝咖啡的習慣，在西元十七世紀時由伊斯蘭圈傳至歐洲，從此倫敦等主要都市的咖啡館櫛比鱗次。西元十七世紀後期，單單倫敦的咖啡館即有三千家之多。不過，咖啡豆的產出地僅限南阿拉伯的葉門，歐洲人只能經由阿拉伯半島南部的摩卡（Mocha）港進口咖啡。「摩卡」，也成為最古老的咖啡品名。獨占咖啡豆買賣而獲取巨大利益的伊斯蘭商人，為鞏固既有的利益，更研擬出防止攜帶咖啡種子、株苗出境的對策。總而言之，輸出的僅是可以熱水浸泡卻無法發芽的咖啡豆。

聰明狡猾的荷蘭人看上咖啡的商品價值，認為若在亞熱帶殖民地種植生產，必能獲取優渥的利益。但是，首先必須把咖啡的生豆帶出摩卡港。後來荷蘭人偷偷將咖啡的生豆攜帶出境，西元一六五八年在錫蘭島、西元一六九六年在爪哇島開始栽種。然而因洪水與地震的天災，不得不宣告失敗。

之後咖啡與大眾化的砂糖結合後，需求量增加，若能栽培成功，必能帶來無限利益。於是西元十八世紀，荷蘭人再度在爪哇島投入咖啡的栽培，終於成功獲利。不過，這些外來的新作物畢竟難在迥異的風土往下扎根。西元十九世紀後期，鏽菌的發生又造成斯里蘭卡、爪哇的咖啡全軍覆滅。荷蘭企圖在亞洲殖民地大量栽培伊斯蘭圈的咖啡、而後再轉運回歐洲的計畫，終究是失敗收場。

西元一七〇六年，一百株的咖啡樹苗（原本是摩卡的咖啡）從爪哇島移植到阿姆斯特丹的植物園，為「開發」新移植地而做準備。西元一七一四年，阿姆斯特丹市長將部分的樹苗贈送給法國國王路易十四世，法國人又將其中的一株樹苗移植到加勒比海的馬提尼克島，沒想到僅一株的咖啡樹苗卻蔓延生長開來。西元一七二八年，馬提尼克島的樹苗又擴大移植到了牙買加，也就是聞名後世的「藍山咖啡」。

西元一七一八年，位於荷蘭阿姆斯特丹植物園的咖啡樹苗又移植到南美的法國屬地圭亞那、西元一七二七年再移植到巴西的巴拉。在巴西，咖啡農園蔓延到了南部的里約附近，在西元一八〇八年之後更成為世界最大的咖啡產地。直到現在，世界咖啡總產量的四分之一至三分之一是來自巴西，堪稱是咖啡大國。就這樣，伊斯蘭圈的咖啡被大量栽培在也是砂糖主產地的巴西或西印度諸島，更喚起了歐洲的需求。如今，以巴西、哥倫比亞為主的南美洲成為咖啡最主要的產地，而後才是非洲與中美洲。也因為西元十八世紀時，伊斯蘭圈的咖啡被歐洲人帶往「新大陸」栽培生產，咖啡才得以成為歐洲最主要的嗜好品。

第七章 支撐起「都市時代」的食品工業

1 因加工食品而改變的飲食世界

都市時代的腳步

西元十八世紀末的英國工業革命（西元一七六〇年代）、法國大革命（西元一七八九～一八〇四年）是在歐洲同時期興起的社會變革，因而也稱之為「雙重革命」，在經濟、政治兩方面皆為人類社會帶來莫大轉變。經歷兩次革命而煥然一新的歐洲，自西元十九世紀至二十世紀初期不斷建立起足以影響全世界的嶄新體制。

工業革命後的變化，可簡單歸納為以下幾點：

一、包含食品在內的工業製品逐漸居於人們生活的核心。

二、都市搖身一變為「生產的場所」，也帶動人口的急增。

三、都市的富裕階級勢力更加堅固。

四、以「民族國家」的體制為社會的基本單位，並普及影響全世界。

五、鐵路與輪船的幹線航道密布網羅全世界。

六、仗勢著性能優越的槍砲，歐洲勢力擴張至亞洲、非洲。

七、歐洲人大規模地移居至世界各地。

以歐洲為中心、世界重新再整編的過程中，歐洲人取得了世界各地的食材，一舉發展出「嶄新的飲食文化」。在都市爆發的時代，飲食也隨之有了變化。

西元十九世紀後期隨著鐵路與蒸汽船的普及，逐漸開發出世界級的高速及大量運輸、冷藏船，而低溫殺菌也助長了食品加工、罐頭產業的成長，並帶動歐洲都市的擴張。北美中央地帶的大草原或南美大草原所生產的價廉穀物與肉食，在蒸汽船或冷藏船的運送下，漂洋過海帶回歐洲。「新大陸」或澳洲成為歐洲的大食糧倉，並豐富了餐桌的食材。不僅限於生活必需品，還相繼「開發」出各種奢華的食材，富裕階級也忙碌追逐著那些「美食」。

歐洲都市以驚人的氣勢不斷擴張，西元一九〇〇年人口超過百萬的都市竟多達九個。不過無法生產食糧的都市，為了養活龐大的人口，就必須發展出嶄新因應的系統體制。食糧貯存技術的開發、飲食的工業化，皆是時代的趨勢。從世界各地匯集而來的食材透過加工，變成了商品再大舉進軍人們的餐桌。人為加工食品的激增，也大大改變了人們的味覺。並象徵著另一個時代的來臨——食品添加物已納入食品的一部分。

食品的工業製品化所引發的餐桌變革，也被視為「飲食的第三次革命」。然而這些食品加工業者中，為追求利益卻以惡劣食品添加物混入食物的也不在少數，進而衍生嚴重的社會問題。

西元十九世紀後期，歐洲的強大促使世界邁向從屬的一體化，不僅世界各地的食材匯集到了歐洲，歐洲的飲食文化也逐漸滲透影響亞洲、非洲。

從燉煮料理而衍生的餐廳

在歐洲，「美食」備受推崇，大都市鬧區的餐廳、餐館總是擠滿眾多食客。而餐廳、餐館的普及，則是始於急速都市化的西元十八世紀末期以後。都市的迅速擴張、都市居民的生活慣於依賴貨幣，都是造成餐廳或餐館顯著增加的原因。

在歐洲，餐館的源起原本是基於寄宿的需求，當時的餐館其實是旅店設施的一部分。西元四世紀以後的旅店設施稱為「auberge」，是從舊日耳曼語的「herberge（軍隊駐屯地）」衍生而來。隨著中世紀的都市形成，西元十三世紀時開始出現專門的酒吧，稱為「cabaret」，是源自荷蘭語的「房間（cabret）」，專供應葡萄酒。

工業革命以後都市急遽成長，出現了可供有產階級觀賞表演的大型店家，也稱為「cabaret」，不過提供的服務卻有所不同。因此，近代以後酒吧改稱為「bistro」。在英國，中世紀的酒吧稱為「ale house」，來到近代則稱為「public house」，現在的「Pub」則是「public house」的簡稱。

餐廳源起於法國革命前三十年左右，但還不算是正規的餐廳，僅是旅店或酒館所提供的外食場所。西元一七六五年，巴黎一家名為布蘭潔的麵包店，推出了添加牛肉、羊肉、閹雞、雛鴿、山鶉、洋蔥、蘿蔔、紅蘿蔔等熬煮的料理「Restaurant」，頓時風靡巴黎人。從此，這道料理名也成了不斷新增開設的料理店之代名詞。

「restaurant」是「恢復朝氣」的意思，後來也意指精力濃湯。西元一七八六年，法令規定凡是提供料理與飲料的店家都稱為「restaurant」。因此，原本令人恢復朝氣的料理，即變成陸續出現的餐館之稱呼。布里亞・薩瓦蘭將「餐廳（restaurant）」定義為，每道料理皆附有價錢，並遵照顧客的囑咐端出料理的店家。此時的餐廳不同於過去的旅店或酒館，可以在舒適豪華的室內優雅地享用飲食，顧客群多是都市的富裕階級。

法國革命時國王路易十六遭到刑處，貴族們也頓失特權。大批原本服侍國王或貴族的料理人失去了他們的雇主，遂在各地開設餐廳，法國革命後社會地位抬頭的都市富裕階級轉而成為他們的顧客。北山晴一的《美食的社會史》提到了餐廳迅速普及的樣貌，「革命前巴黎的餐廳還不到五十家，四十年後的西元一八二七年約是三千家，每天有六萬人巴黎市民去到餐廳用餐。」

西元十七世紀後期，以宮廷料理為主軸的法國料理愈加純熟洗鍊，西元十八世紀中期更確立了「haute cuisine（高級料理）」的風味。儘管食材、料理法、用餐禮儀等都是構成法國料理之要素，但讓法國料理得以處於不敗地位的卻是不斷精進歷練的醬汁。醬汁高雅的風味，甚至風靡了一般平民。

此外，料理人所戴的獨特白帽，則始於當時名料理人卡漢姆，他看見客人頭戴白色的帽子，深覺迷人而仿效配戴，沒想到其他料理人也紛紛跟進。從此也變成專業料理人的打扮。西元十九世紀初期，單就巴黎即有五百家以上的餐廳同時開店，一時蔚為盛況。西元十九世紀，料理分別裝在盤中再由客人依序輪流拿取的「俄式服務（service à la russe）」開始普及。

確立法國料理基礎的卡漢姆，原本在烤肉店工作，而後受到外交官塔力蘭的青睞提拔，曾先後擔任英國王室、俄國王室的料理長，之後又成為猶太人富豪羅特希爾德家族的專屬料理人。由於法國發掘出具有飲食文化素養的料理人，美食的體系也得以隨著精湛的料理人而更加完善。

2 被禁錮的腐敗

食糧保存的革命家尼古拉·阿佩爾

眾人聚集的都市生活，需要大量的食材，因此飲食世界的大前提——如何遏止食品的腐敗，再度復甦成為嶄新的課題。不過迫使面對問題的契機，卻是為確保徵兵制聚集的眾多士兵之糧食。當時並無保存新鮮食品的方法，皆仰賴乾燥、鹽漬、燻製等，但拿破崙為鼓舞軍隊士氣，深覺必須供應士兵大量營養豐富且新鮮的食品。西元十九世紀民族主義高漲，是各國家間大規模戰爭不斷的時代。隨徵兵制而壯大的軍隊，成為強國法國抵抗外敵的支柱。原本為供應密集化都市居民新鮮食品的技術開發，轉而朝向滿足龐大軍隊所需邁進督政府（le Directoire）在接到拿破崙的命令後，懸賞一萬兩千法郎獎金以募集可以長期保存新鮮食糧的技術，最後脫穎而出的是啤酒製造業者出身的糖果商人兼甜點師傅尼古拉．阿佩爾（西元一七四九～一八四一年）。

他在反覆的實驗失敗後，西元一八〇四年發明了殺菌的「密封玻璃罐」，方法是將加熱後的食品裝入玻璃罐，並以軟木塞密封後，再放進一百度高溫的熱鍋裡加熱三十分鐘至六十分鐘。尼古拉．阿佩爾認為，腐敗的原因是「空氣」，因而試圖藉由「脫氣」達到食品的長期保存。

海軍確認他交出的成品在經過一百三十天的航海旅程後仍無變質，尼古拉．阿佩爾獲得了一萬兩千法郎的獎金。對此當時的報紙如此寫道，「尼古拉．阿佩爾發明了抓住季節的技法。——他讓春夏秋冬得以延續在瓶子裡」。而後尼古拉．阿佩爾又持續食品保存技術的研究，西元一八二二年他獲得「人類的恩人」之稱號。充滿社會使命感的尼古拉．阿佩爾既不申請專利，並將所有獎金投入新的研究。他所研發的加熱殺菌堪稱是劃時代的保存技術，因而以他的名字命名為「Appertization

（熱壓殺菌法）」，也為飲食的世界賦予了無限的可能性。

尼古拉．阿佩爾的研究發現，食材的高溫處理的確有助於保存，但當時的技術僅能使用湯鍋，沸點始終難以超過一百度以上。尼古拉．阿佩爾九十一歲過世後，其家族仍致力於技術的改良，西元一八四五年尼古拉．阿佩爾的外甥發明了攝氏一百度以上的加熱殺菌壓力鍋（蒸氣殺菌）。結果，隨著高溫加熱殺菌的開發，食品加工的技術更加進步純熟。密封玻璃罐、罐頭，從此成為西元十九世紀食品加工的翹楚。

罐頭是從茶罐獲得的靈感

法國的最大對手海軍國英國，也由尼古拉．阿佩爾的方法獲得靈感，開始了食品保存的研究。西元一八一〇年，英國商人彼得．杜倫（Peter Durand）從日本的茶罐得到靈感，進而改良尼古拉．阿佩爾的技術，並為海軍研發出以錫罐保存食品，還為此申請專利讓罐頭製造得以商業化。

以鉛製成的罐頭，表面鍍上薄薄的錫，可防止罐內加熱殺菌後的食材腐敗。而食材放入罐頭時會也一邊灌進蒸氣，然後再以焊接密封罐蓋，冷卻後罐內即呈現真空狀態，遏止了腐敗的發生。而後，他又利用氯化鈣加入殺菌用的熱水裡，使得溫度可高達攝氏一百度以上，一舉提升加熱效率。

西元一八一二年，布萊恩・唐金（Bryan Donkin）在英國創設世界第一座的罐頭工廠。不過，因為當時還沒有開罐器，罐頭標籤上註明著「請以鑿子與斧頭開罐」，距離日用化可說還相當遙遠。英美戰爭（西元一八一二～一八一四年）時英軍遠赴美國戰地時就是靠著罐頭食品，也更加確立罐頭的可用性。此後，罐頭更因而急速大眾化。

開罐器的偉大發明

美國的南北戰爭（西元一八六一～六五年）期間，北軍士兵攜帶的軍糧即是大量的罐頭。有人甚至開玩笑說，罐頭是促成北軍勝利的功臣。當時，美國每年生產約四千萬個罐頭，由於南北戰爭證實了罐頭的實用性，罐頭的消費量更大幅增加。不過，當時尚未開發出簡單開罐的技術，若冀望消費擴大，勢必需要搭配便利的開罐工具。南北戰爭時，僅能靠蠻力以刺槍挖出個洞，或是以軍用刀切開罐頭。物品之所以得以普及，其實還須伴隨著使用便利的條件。因此，罐頭欲流通於一般大眾的餐桌，首要之務即是找到輕鬆開罐的方法，也就是得以輕鬆俐落打開的道具。南北戰爭後、西元一八七〇年威廉·萊曼（William Lyman）發明了沿著罐緣切開蓋子的開罐器，從此罐頭成為都市市民的最愛。在國土廣闊的美國，若不囤積食糧則難以維生，罐頭也因此成為餐桌上的必備食品。美國之所以是罐頭消費的大國，其實也有著必然的環境背景。

進入西元二十世紀後，美國搖身成為世界最大的罐頭生產國，西元一九三五年以來的四十年間更製造了約七千七百五十億個罐頭。當時，密封玻璃罐、罐頭可說是食品產業初期的寵兒。

在都市也喝得到牛乳！

工業革命後，如何供應眾多都市居民所需的生鮮食品儼然成為大問題。由於密封玻璃罐、罐頭的出現，西元十九世紀也是食品保存技術大躍進的時代。

過去以來的鹽漬（鯡魚、鱈魚等的鹽漬）、醋的使用（酸菜類）、砂糖的使用（果醬類）等傳統的食品保存技術，開始急速工業化，並進而開發出更多的技術。例如，西元十九世紀初期馮・李比希（Justus Freiherr von Liebig）開發了乾燥保存食品，西元一八五六年凱爾・波登（Gail Borden, Jr）研發了煉乳。西元一八六九年法國的梅熱・穆里埃（Hippolyte Mège-Mouriès）發明了牛油的替代品人造牛油，從此，在工業技術的推波助瀾下出現了許多仿效傳統食品的代用食品。

在印度或歐洲等地，牛乳被廣泛利用作為乳酸飲料、牛油、乳酪。而易腐敗的牛乳通常也僅限產地飲用。但西元十九世紀以後，終於得以在都市飲用到新鮮的牛乳。如今是理所當的事，然而當時可以在遠離牧場的都市飲用到新鮮牛乳，卻是劃時代的進步。

防止腐敗，是人人都能喝到新鮮牛乳的必要條件。為了開發防止腐敗的技術，首先必須解開腐敗的結構。法國的醫學兼科學家路易．巴士德（Louis Pasteur）（西元一八二二～九五年）將肉汁放進燒瓶煮沸後，發現並無腐敗現象，因而證明空氣中的微生物是引發腐敗、發酵的原因。此結果也令食品保存的概念產生了劇變，從既有的尼古拉．阿佩爾的「脫氣」轉為「微生物的殺菌」。因此，罐頭的製造方法，也依循路易．巴士德的理論而重組更換。

西元一八八〇年，路易．巴士德應用尼古拉．阿佩爾的技法開發了低溫殺菌法（而後更以他的名字命名為「巴士德消毒法」）。所謂的低溫殺菌，即是以攝氏六十度加熱三十分鐘。也因此，殺菌過的牛乳終於讓人們在都市也能享用得到。

「奶茶」為何是一種時尚？

西元十九世紀中期，法國的費迪南．卡萊（Ferdinand Carré）（西元一八二四～一九〇〇年）、查爾斯．泰瑞爾（Charles Terrier）（西元一八二八～

一九一三年）發明了冰箱，那是為長期保存食品而利用液態氨所開發的冷凍技術。西元一八五九年的萬國博覽會，費迪南．卡萊的人工製冰機博得好評。來到西元一八七八年，冷藏船從阿根廷出發，成功運送大量牛肉抵達歐洲，讓大量運輸遠距離的生鮮食品不再是夢想。歐洲的大都市，從此更能依賴「新大陸」的食糧庫。同時，也開啟了牛肉大眾化的時代。由於「新大陸」廣闊的牧場得以飼養數量龐大的肉牛，歐洲人也能以更便宜的價格享用到牛肉。

蒸汽船與鐵路，皆同樣可以運送遠距離的生鮮食品。例如，法國在拿破崙三世（西元一八五二～七〇年）的統治下積極鐵路的建設，從西元一八四五年的八百八十八公里延長至西元一八六五年的一萬三千五百六十二公里，約是十五倍之多。

在低溫殺菌、冷藏、鐵路運輸的環環相扣下，都市居民才得以品嘗到眾多的生鮮食品。其中最具代表性的，就是價廉又隨手可得的新鮮牛乳。過去僅能靠馬車運送，而且必須取自半徑四公里至五公里外的近郊農村，但透過鐵路卻能大量且遠距離運送低溫殺菌牛乳。都市居民除了沖泡咖啡、紅茶外，也能享用得到生乳這般營養豐富的生鮮飲品。於是在咖啡或紅茶內添加牛乳的飲用方式，比起添加砂糖更顯得時尚。

西元十九世紀末至西元二十世紀初期，無論是英國或德國，都與法國一樣將牛乳視為健康飲料，二十世紀初期，英國與德國的年間個人牛乳消費量近達一百公升。

就現今的餐桌現況看來，當時出現的嶄新食品群或許並無新意。但就漫長的飲食歷史看來，得以就此享用或透過小規模加工品嘗到從自然界獲得的食材，簡直是驚天動地的大事啊。

3　朝向飲食的國際化

屬於西洋料理的咖哩飯

西元十九世紀後期，正處於因工業革命、交通革命等而強大的歐洲諸國強行將亞洲或非洲諸國納為殖民地的時代。歐洲諸國視亞洲為「落後」地區，表面上企圖傳遞「文明」，最後卻仍淪為強悍武力的侵略。過程中歐洲諸國也深受所屬殖民地的飲食文化影響，豐富了既有的餐桌型態。這些移植自世界各地的多樣化飲食，來到歐洲後又加工成為屬於歐洲的特色。其中最具代表性的例子就是取自英國殖民地印度的咖哩與英國的伍斯特醬。

在日本，從幼稚園幼兒到老人的各年齡層無不喜愛咖哩飯（カレーライス，curry rice）（在舊時代稱為飯咖哩（ライスカレー，rice curry））。根據日本農林水務省統計，平成十一年度（西元一九九九年）日本國民平均一年吃了六十四次的

咖哩。在百貨公司或超級市場的食品專賣區，更無時無刻陳列著各式各樣咖哩的密封保鮮食品，許多餐館的菜單也備有咖哩料理。在日本如此大受歡迎的咖哩飯，若循其源頭其實是來自於曾是英國殖民地的印度，然而起初的咖哩飯卻是以「西洋料理」的姿態傳入日本。

最初將咖哩飯介紹給日本的，則是福澤諭吉，他在寫於西元一八六〇（萬延元）年的《華英通信》中提到了咖哩（curry），西元一八七二（明治五）年還介紹咖哩飯的做法。由於咖哩複雜且迷人的風味，日清戰爭後逐漸在平民百姓間流傳開來。夏目漱石的小說《三四郎》也出現過咖哩飯。以西歐風的異國料理姿態流行於日本的咖哩飯，在大正四年（西元一九一五年）即出現了咖哩粉的製造。融入日本人生活的咖哩飯，在大正時代逐漸深入成為日本飲食文化的一部分，不過比較像似咖哩與歐風燉菜（stew）的合體。也就是說，日本的咖哩飯是混合了英國料理與印度料理的料理。

在西元一七五七年普拉西戰役（Battle of Plassey）中打敗與孟加拉王侯結盟的法國東印度軍、並獲得孟加拉徵稅權的東印度公司的沃倫・哈斯丁

（Warren Hastings）（西元一七三二～一八一八年），將印度的米與被稱為「咖哩」的調味料帶回英國，他後來還成為了印度的首位英國總督。此外，「咖哩」是源自梵語的「調和了辛香料的醬汁」。

秈稻的米淋上混以薑黃著色的調味料咖哩、馬鈴薯、洋蔥或肉等長時間熬煮的濃湯汁（stew），以及咖哩風味的「Mulligatawany soup（印度風家鄉濃湯）」，都在英國國內掀起了風潮。其後英國的Crosse & Blackwell公司（簡稱C & B）推出了世界最初的咖哩粉商品。其中為營造咖哩的「濃稠風味」而添加麵糊（roux）的技法，實是取自重視醬汁的法國料理之手法。所謂的麵糊（roux），是以牛油炒麵粉，然後再添加牛乳或高湯調合製成的醬汁。最終咖哩也傳至了法國，稱為「riz au cari」

有人說法國擁有無數的醬汁，相對地英國卻僅有一種醬汁。其實英國料理中並無熬煮食材製作出美味醬汁的概念，過去皆使用餐桌上的鹽與胡椒調味。英國唯一的醬汁是伍斯特醬（Worcestershire sauce），這點與日本料理的醬油頗相近。不過伍斯特醬並不是英國既有的醬汁，其靈感源自印度的調味料，是殖民地印度的調味料之變形。就此說來，伍斯特醬與咖哩飯其實具有同樣的特質。

西元十九世紀末期，到印度旅行的英國貴族從印度帶回以魚醬為主原料的醬汁食譜，並委託李（Lea）與派林（Perrins）兩位藥劑師製造醬汁。兩人在伍斯特州製造出添加了鯷魚、蔬菜、果汁等的醬汁，但卻始終調製不出濃郁的味道，他們以為失敗了，所以棄置於木桶而不顧，沒想到數年後再嘗，竟變成濃郁且甘醇的醬汁。原來，發酵是「魔法的魔杖」。此醬汁便以伍斯特的地名命名，取名為「伍斯特醬」，而後再經由Lea & Perrins公司傳至全世界。在日本若單指「sauce（醬汁）」時，通常指的就是伍斯特醬。伍斯特醬是添加鯷魚、麥芽醋、糖蜜等二十種以上辛香料，再經發酵所製成的風味豐富的醬汁。

和魂洋材的「鋤燒」

西元十九世紀在歐洲勢力侵入亞洲的同時，也帶進了歐洲固有的食材與飲食文化。

日本明治維新以後，以「文明開化」為口號、積極接受西歐文明的日本，當然也匯集了來自歐洲的食材。其中最具象徵意義的食材則是讓原本忌食獸肉的日本人大感震驚的牛肉。也因牛肉所具的異質性，被定位成為「文明開化」的象徵。

身為象徵摩登文明食材的牛肉，開始在日本備受矚目，不過更重要的理由恐怕是美味吧。隨著和洋折衷的飲食文化發展，出現了鍋物或烤肉等難以斷定是否為日本固有的牛肉料理。也就是說，在既有的日本料理形式中，開始納入牛肉這種嶄新的食材。重新改編自己的脈絡並同時融入異質文化，就是所謂的「文化變容」。另外，日本自西元五五二年的佛教傳來以來，人們總認為應該忌食牛、馬肉。西元七九一年，更出現「不得殺伊勢、近江、若狹、越前的百姓牛以祭漢神」之禁令。因此，也切斷了日本的飲食文化與牛肉的關聯性。

而後經過一千年以上的歲月，直到西元一八五六年因美國海軍提督培里（Matthew Calbraith Perry）的緣故，才在美軍駐所的下田及玉泉寺境內重新開始牛的宰殺。日本門戶開放以來，外國人開始定居神戶、橫濱等居留地，也促使牛肉需求的增加。隨著歐美人的移居，也帶動異質飲食文化的介入。由於日本並不習慣解體牛隻，最初外國人是在船上宰殺牛，但西元一八六六年以後，開始在六甲山北麓的三田地方飼養牛隻，然後再到神戶宰殺處理。這即是神戶牛。之後，神戶牛也被運送到橫濱或東京等地。

西元一八六七年在東京芝開設了名為「中川」的牛肉鍋店，因物以稀為貴而生意興隆，從此關東地區開始盛行牛肉鍋。所謂的牛肉鍋，是指將牛肉與蔥、豆腐等一同放入淺平鍋邊煮邊吃的料理。在關西地方，則有農家利用用舊的鋤犁煎煮牛肉、因而命名「鋤燒」的料理流傳開來。牛肉鍋與鋤燒皆是象徵文明開化的食物，因此大受歡迎。不過無論是牛肉鍋還是鋤燒，皆是先以油脂煎烤牛肉後再添加醬油與蔥等，算是和洋折衷的料理。由於是添加醬油與蔥等蔬菜所熬煮的牛肉料理，即使是烤肉也好、鍋物也好都已難以斷定為絕對日本的料理。

從假名垣魯文所著的《牛店雜談　安愚樂鍋》或坪內逍遙所著的《當世書生氣質》可知，明治維新時的人們極為風靡牛肉鍋。《安愚樂鍋》寫道：「大體來說士農工商老少男女、賢愚福貧，不食牛肉鍋者即是開化未明」十足表達出日本喜歡新鮮事物的特性。不過說是嶄新的料理法，說穿了其實就是延續採用鹿肉、豬肉、馬肉的紅葉鍋、牡丹鍋、櫻鍋等的傳統料理法，算是嶄新的食材喚醒了傳統的料理法。

坂本九所演唱的歌曲「上を向いて歩こう（昂首向前走）」，在美國改名為「Sukiyaki[2]」大受歡迎，由此不難想像，其後鋤燒在日本鍋物中的地位愈加攀升。

日本的鍋物中，無論是水煮湯豆腐、帶皮帶骨雞肉和鱈魚肉片的「ちり鍋（魚片鍋）」，或是淡味且配料與湯汁皆可享用的「寄せ鍋（海鮮鍋）」，都是以湯汁濃郁的「鋤燒」為雛型，進而衍生出的多樣變化，與鍋物料理較少的他國料理相較起來，的確可看出關鍵的差異性。鍋物料理，也是足以代表日本的飲食樣式。至於鍋物料理發達的理由，則可分為以下幾點。

一、不太使用油，而使用水。

1 譯註：現在的東京都港區。
2 譯註：鋤燒的日語發音。

二、利用醬油、味噌作為調味。

三、多半使用海鮮類配料。

與日本的飲食文化之特性相當契合。明治初期的牛肉六百公克約十六錢，就當時的物價是非常昂貴的。因此在當時，鋤燒可是高級料理。

第一次世界大戰後生活環境漸入佳況，日本的牛肉需求量也大幅提升，昭和初期，平均一人的消費量是明治末期的近兩倍之多，不過主要的食用方式仍是鋤燒。第二次世界大戰後，從澳洲、紐西蘭、美國進口的牛肉大量增加，平均一人的消費量約是戰前的八倍以上，除了鋤燒或涮涮鍋，人們也開始食用牛排。另外，將牛肉薄片放進滾燙的鍋裡略微涮過後、再沾醬汁食用的日本「涮涮鍋」，其實正是源自北京料理中以羊肉為主的火鍋子，而羊肉鍋又是蒙古人等游牧民族傳至中國的羊肉料理。第二次世界大戰後，大阪人以牛肉取代了羊肉、開始涮涮鍋的吃法，從此中亞的飲食文化結合了西歐的飲食文化，更因美味無比瞬間普及全國。討論起來或許有些複雜，涮涮鍋其實是將被視為國際化的牛肉混入中國風、游牧風的料理樣式中，然後又形成出日本固有的牛肉食用方法。

野牛與肉牛

自西元十九世紀後期，支撐歐美社會急速擴張的則是猶如風暴般不斷開發的南、北美與澳洲。「既有的自然」出現從未有過的大規模破壞，也改變了農田與牧場的型態。歐洲社會以極快的步調，建造起屬於自己的巨大食糧庫。

西元一七七六年，脫離英國宣布獨立的美國又於西元一八〇三年以一千五百萬美金的價格（相當於一英畝不到三分錢）向拿破崙時代的法國購入路易斯安那的領土，而後又向西班牙購入佛羅里達、併入墨西哥屬地德克薩斯（西元一八四五），美墨戰爭後併入加利福尼亞（西元一八四八年，形式上是以一千五百萬美金購入），最後終於成為連結大西洋與太平洋的大陸國家。在此急速的領土擴張中，西部更出現平均一平方英哩人口密度二至六人的廣大新闢地。這些新闢地被視為政府的所有地（公有地，public land），依據西元一七八五年的土地處分條例，最低購入面積為六百四十英畝，相當於一英畝一元美金的價錢賣出。

事實上，西部廣闊的未開拓地是從事狩獵、採集生活的原住民與野牛等野生動物的生活空間。美國人無視於現況，仍以「昭昭天命（Manifest Destiny）」之名強制進行西部的開拓。

除去阿拉斯加與夏威夷，西部大草原即占據了美利堅合眾國百分之四十的土地面積，據估計約有六千萬至四千萬頭的野牛棲息於此，每一牛群少說也有數萬頭。從歐洲移民手中取得馬匹與槍枝的原住民，每年約宰殺三十萬頭的野牛，仍還不至於破壞自然的平衡。然而西元一八三〇年代以後，隨著美國人的進出西部與大規模開拓，每年宰殺兩百萬頭的野牛作為食糧，毛皮也被當作商品販售。

南北戰爭（西元一八六一～六五年）時，林肯為拉攏西部的住民，制定了安居法案（Homestead Act）（西元一八六二年），法案內容是居住並從事開墾達五年者可免費（但徵收十元美金作為手續費）獲得一百六十英畝（約二十萬坪）的土地。因此，南北戰爭後大量移民湧入西部。西元一八七一年出現了嶄新的獸皮處理方法，一張野牛毛皮可獲利一至三元美金，於是每年約有三百萬頭以上的野牛遭到宰殺。據推測，西元一八七三年宰殺的野牛高達四百萬頭以上。西元一八七六年，在為運往東部的毛皮囤積地，由於不當存放六萬張以上的野牛皮，結果竟演變為惡臭四溢的社會事件。如此濫殺的結果，西元一八七〇年代末期，大草原上已不見野牛的蹤跡。野牛成為以西部開拓之名而慘遭大規模破壞、犧牲的西部野生動物。

野牛消失殆盡之後，取而代之的是歐洲進口的肉牛，而西部的大平原則成為主要的牧場。牧牛人積極利用價廉土地，飼養著數量龐大的肉牛。僅三十年的光陰，西部大平原就有四千至六千萬頭的野牛遭到殺害，從此轉變為肉牛的放牧地。現在，西部大平原共約飼養著八千萬頭至一億頭的肉牛（長角的西班牙肉牛）

炒熱世界的美國牛肉

隨著橫越美國大陸的鐵路完成（西元一八六九年），再加上冷藏貨車的開發，促使肉食得以承受遠距離的運送。西元一八七〇年，美國西部的牛肉終於可以直送到英國等歐洲國家的餐桌。西元一八八〇年代英國的進口牛肉，絕大多數都是仰賴美國西部的供應。針對商機無限的放牧業，促使英國的投資客積極跟進，西元一八八〇年代後期美國西部的放牧地多掌握在英國資本家的手裡。直到今日，美國西部十一個州約有三萬人次的畜牧業者，在相當於一百一十平方公里（約是日本土地面積的三倍）的公有地飼養肉牛。牛群在牛仔們的驅趕下踏上通往鐵路車站的漫漫之路，再由貨車載往芝加哥，隨著運輸帶的流程作業加工為肉食。如此大量生產方式，實則與汽車的製造不相上下。

為滿足英國市場對於柔軟高脂牛肉的需求，肉牛的飼育更積極步上軌道。在大平原飼養了一、二年的牛即被送往中西部的肥育場，靠著玉蜀黍種植地帶大量生產的多餘玉蜀黍，飼養出肉質柔嫩的肉牛。這個方法直到第二次世界大戰後才更加專業化，現在大部分的肉牛都是依此方法飼養。不過第二次世界大戰前，肉牛僅占整體的百分之五左右。但隨著人們對美食的趨之若鶩，如今肉牛已變成餐桌上的美味佳餚。

第八章　低溫物流系統與全球化

1　美國主導的「冷凍食材的時代」

「現代的飲食」與冷凍保存

西元一九二〇年，美國所發展形成大量生產、大量消費之大眾消費文化，在西元二十世紀後期逐漸影響全世界，並因而改變了人類的飲食生活。其中最大的變化，即是西元一九六〇年快速發展的低溫物流系統（cold chain）。由於冷凍技術的進步，幾乎所有的食材都可以保存一整年，冷凍的生鮮食材透過巡迴於全世界的冷卻裝置得以不斷地進行運送、保管和加工，最後再流向全世界數億台的家用冰箱。結果，許多食材隨時享用得到，人們對「旬（當季）」不再敏感的同時，食物橫流的「飽食時代」也隨之到來。自然大幅地往後退去，取而代之的是完善不虞匱乏的人工飲食環境。世界規模的低溫物流系統所帶來的大變動，堪稱是「飲食的第四次革命」。所謂的低溫物流系統，像是世界各地食材行經的「冷凍高速公路」，是高科技支援下的巨大體制系統。

電視的普及、資訊技術的突飛猛進，也促使世界各地飲食資訊的交流，並引領經濟走向國際化。隨著資訊革命，飲食的世界也起了莫大變化，朝向飲食的名牌化、國際化邁進，於是全世界通行的「世界級商品」孕育而生。在食品加工技術方面也朝向多方位發展，以速食麵為主的即食食品、密封保鮮食品、罐頭、密封玻璃罐、袋裝的生鮮食材等經由超級市場或便利商店滲入各家庭，餐桌上盡是這些加工過的食材。

冷凍技術的開發，分為三個階段。首先是冷藏技術的開發，西元一八四二年冷藏技術開始運用在商業目的，借助機械的冷凍則始於西元十九世紀後期。得以巡迴各都市的冷凍食品，在當時仍還極為新穎。不過，緩慢的冷凍造成食材在冷凍過程中因水分的膨脹而破壞了細胞膜，風味盡失是其致命的缺點。為了克服這項缺點，就必須研發出急速冷凍技術。於是美國發明家克拉倫斯・伯宰（Clarence Birdseye）（西元一八八六～一九五六年）開發出急速冷凍技術，此舉也成為冷凍技術的第二階段。

西元一九一九年，克拉倫斯・伯宰曾在臨近北極的拉布蘭（Lapland）居住生活三年的時間，他發現當地的少數民族利用戶外攝氏負四十度的氣溫、冷凍保存海豹的肉或魚等，而且即使解凍後風味仍未改變。解凍後，這些曾經結凍的肉或魚卻意外美味。由此克拉倫斯・伯宰了解到急速冷凍不會破壞食材的細胞膜，甚至還能保持食材既有的風味。另外，在阿伊努人的飲食文化中，也有所謂「ruibe」的冷凍保存技術。於是克拉倫斯・伯宰從少數民族的智慧中獲得靈感，並進而著手冷凍食品公司的經營，陸續在西元一九二三年的紐約、西元一九二四年波士頓附近的格洛斯特設立了魚的冷凍公司，其後又擴展到水果、蔬菜的冷凍。西元一九二八年，更製造生產了五百噸的冷凍食品。然而，當時他所擁有的技術，還不足以徹底改變人類飲食的環境。而後克拉倫斯・伯宰的公司遭到併購，也就是日後世界最大的通用食品（General Foods）公司。

首要之務就是冷凍

西元一九三〇年，以鳥眼為商標的通用食品（General Foods）成為是世界第一家販售「紙盒裝的冷凍食品」之廠商，也開啟了冷凍食品的即食化。當時，從商品開發到冷凍機器的改良等各方面，通用食品無不積極參與，是冷凍食品普及化的最大推手。不過，由於家用冰箱尚未全面普及，冷凍食品僅限於業務用、團體供餐用，未能滲入一般的家庭。西元一九一三千，美國雖出現了實用的插電式冰箱，但溫度僅能維持在十度以下，目的是為了抑制造成腐敗的微生物繁殖，還未能發展出因應冷凍食品的功能。

冷凍技術的第三階段，則是第二次世界大戰。大戰期間，美國儲備了大量的冷凍食品作為軍糧。戰後，這些剩餘的大量冷凍食品則發放民間，一時之間掀起了冷凍食品的風潮，不過由於冷凍運輸、冷凍倉庫、冷凍陳列架等尚未完善齊全，難以維持品質，也造成生產量的大幅滑落。

西元一九四八年至五八年期間，美國農務局與科學家、冷凍技術學者攜手進行T—TT（冷凍食品的時間、溫度與容許界限）的研究，結果發現在華氏零度（攝氏負十八度）以下，幾乎所有的食品都可以保存既有的品質長達一年。其結果促使大量栽培的蔬菜或水果、捕獲的魚類、宰殺處理後的家畜，皆可以透過長期保存的機制，延後至更有利可圖的時期賣出。在美國，冷凍食品甚至被譽為「未來的食品」，也象徵真正的冷凍時代來臨。

不斷進化的冰箱

在猶如巡迴地球表面的食材低溫物流系統支持下，理所當然處於最末端的冰箱也必須附有冷凍庫。因此，兩門式的冷凍及冷藏庫從此普及，現在又進化為獨立蔬菜儲存庫的三門式冰箱，除此之外還有獨立製冰庫的四門式冰箱。

長久以來，食材的腐壞問題牽制了人類對自然的大規模破壞，然而隨著冷凍技術的進步，卻意外除去了過去無法為所欲為的框架。結果，人類對自然的掠奪變本加厲。飲食生活的變革帶來了「飽食的時代」，同時也意味著農業、漁業、畜牧出現了存在方式上的革命性變化。食材生產的激增，卻也加速對自然的破壞。凡事總有一體多面，既存在著正面、有利的、也存在著負面、有害的。一旦頓失平衡，人類便毫無知覺地開始挖掘毀壞生存基盤的地球環境。

總之，西元二十世紀末期的美國，家用冷凍及冷藏冰箱的普及、冷凍食品工廠、冷藏及冷凍船、冷藏及冷凍車、冷藏倉庫、商店的業務用冷藏庫或冷藏陳列櫃等，各個環環相扣且完善，也促使從生產現場直到餐桌的流通，都保持在低溫管理的低溫物流系統中。

西元一九七〇年代，家用冰箱開始在日本普及，也迅速帶動低溫物流系統的完善。龐大數量的冷凍食品在溫度攝氏負十八度以下的狀態下運送、保管，然後再經由這個低溫的網絡流向最末端的超級市場、便利商店或家庭的冰箱，在需要的時候隨時可以取得食物的時代也由此展開。一九七〇年代後期，常溫下容易腐敗或變形的食品透過真空包裝，並在攝氏零度左右的恆溫與冷凍之間的溫度帶保持冷藏流通的低溫冷藏（chilled）食品也孕育而生。在日本所謂的「chilled」，起始於切片牛肉以真空包裝後，在低溫冷藏的狀態下運送的chilled beef（低溫熟成牛肉）

2 蔓延全世界的即食食品

速食麵的衝擊

在慌忙的都市生活中飲食的攝取必須利用工作的空檔，因而也力求飲食的簡便化。在這樣的需求下，即溶咖啡、速食麵等乾燥食品、各種的密封保鮮食品（已調理食品經過高溫殺菌處理後密封於塑膠或鋁箔等的容器）孕育而生。所謂的乾燥食品，即是乾燥過後的蔬菜、肉、水果、魚等，重量僅有原來的五分之一、容積也減至原來的二分之一，同時也抑制了微生物的繁殖。乾燥食品是利用微生物無水分即無法生存之特質所製成，不過食用前仍需要加水還原。

在經過簡單調理即能享用且貯存性極佳的即食食品中，又以速食麵最廣為人知。為拋開乾燥過後的食材需要加水還原的手續，採倒入熱水、等待三分鐘即可食用的速食麵，從此徹底改變日本人的飲食生活。速食麵與即溶咖啡，皆是始於日本的世界性商品。

從自古傳承下來的素麵即可知道麵類經得起長期存放，但問題是如何貯存湯與麵。西元一九五八年，Sancy殖產（同年底改名為日清食品）在來自台灣台南市的安藤百福社長之帶領下投入拉麵乾燥化的研發。當初安藤社長是從天麩羅蕎麥麵獲得靈感，認為可以經由油炸乾燥調味過的麵。於是「雞湯速食麵」孕育而生。「雞湯速食麵」的麵條已有調味，放進湯碗裡三分鐘後即享用，如此簡單方便的調理方式，立刻成為大受歡迎的熱門商品。該年的生產量，隨即高達一千三百萬包。

西元一九六〇年，森永製菓的即溶咖啡上市，「Instant（即食）」從此蔚為流行。在此的背景下，速食麵也因而被稱為「Instant noodles（即食麵）」。另外，即溶咖啡是西元一八八九年住在芝加哥的加藤博士在研究綠茶即席（即食）化的過程中，意外開發出真空乾燥咖啡抽取液的技術，並以「Soluble coffee（可溶性咖啡）」之名問世。西元一九三八年，雀巢（Nestle）公司再以「雀巢咖啡（Nescafe）」之商品名販售上市，從此普及全世界。

西元一九六二年，研發出利用澱粉使得湯汁呈現粉末狀的技術，於是湯與麵分開的「明星拉麵」上市。在各家廠商相互競爭下，速食麵更加多樣化，銷售量急速攀升。明星食品在翌年的一九六三年與韓國三養食品（Samyang）攜手重組公司，也開啟了首度的海外生產。在Frank永井[1]的「相遇有樂町」成為最暢銷歌曲時，該年的速食麵生產量倍增到十億包。

西元一九六八年之後，速食麵朝向高品質化，出現了以熱風乾燥的非油炸麵。此技術所製造的麵更趨近生麵的口感，同時也更能凸顯湯汁的風味。

1 譯註：日本昭和時代的知名歌手。

成為世界知名商品的速食麵

西元一九七一年，日清食品利用真空凍結乾燥技術推出了「碗麵」，使用拋棄式容器的碗裝速食麵從此成為速食麵的主流。所謂的真空凍結乾燥，是將已事先調味、加熱處理過的食材予以攝氏負三十度急速冷凍後，在真空狀態下進行乾燥的技術。日清食品的安藤百福社長向美國的買家介紹「雞湯速食麵」時，看見美國買家們將速食麵捏碎後放進紙杯，再倒入熱水後享用，遂從其中獲得靈感，也促使日後速食麵更邁向國際化。西元一九七一年速食麵的年生產量是三十億六千五百四十萬碗，並出口至六十六個國家。

於是，拉麵遂以國際商品的姿態，流行於東亞、東南亞等地。根據社團法人日本即食食品工業協會的統計，西元二〇〇四年全世界的即食拉麵消費量約七百億碗以上（日本的出口是八千七百萬碗），日本國內則是五十三億碗。如今速食麵為世界八十個以上的國家所消費，拉麵的larmen或ramen已成為國際語言。西元一九九七年，在世界知名廠牌共同召開的會議中，設立了世界拉麵協會

（International Ramen Manufacturers Association IRMA），並決定舉辦兩年一期的世界拉麵高峰會議。

速食麵逐漸成為家庭不可或缺的食糧，人們自然而然也開始留意美味道地的拉麵專賣店。西元一九七〇年代以後，在外食產業急速成長的社會環境下，拉麵專門店如雨後春筍般相繼出現、大展身手相互較勁。拉麵的麵分為粗麵、中等、細麵三種，只不過湯頭更能顯現出拉麵風土性（或是地域性）的要素，也因此，各種湯頭遂變成拉麵地域性的特色，也是店家相互較勁的賣點。例如，鹽味—函館；味噌—札幌及仙台；醬油味—旭川、喜多方、佐野、東京、尾道、釧路；豚骨—博多、久留米、和歌山、郡山等。現在，速食麵也複製了專門店的風味，使得拉麵走向更加「進化」的過程。拉麵也從此穩坐最能代表日本的庶民料理之寶座。而重視湯頭的拉麵，或許也能視為日本的一種鍋料理吧。

人造衛星與密封保鮮食品

與開發於西元十九世紀的罐頭相比，密封保鮮食品是更簡易方便的貯存食品。英語的「retort」，原本指的是加壓、加熱且殺菌密封食品的裝置（巨大的加熱殺菌壓力鍋），而後衍生為「利用此裝置所進行的殺菌」。廣義來說，罐頭也是一種經過「加壓、加熱、殺菌」的食品。罐頭的確曾是難能可貴的保存食品，不過在大量作為軍用食品後，卻也凸顯出其沉重、吃完後的空罐不易銷毀、菜色單調等諸多缺點。因此，在戰爭大規模化、更多士兵投入戰役的第二次世界大戰後，容器和菜色不斷經過改良，畢竟每年需要供給數百萬餐的軍隊，對企業來說可是最重要的客戶。

密封保鮮食品使用便利性較高的密封袋，卻與罐頭一樣利於常溫運送或保存。和罐頭相較起來，由於殺菌時間短、不易損及食材的品質，而且還兼具不占空間、輕盈、利用攜帶、可以徒手開封、利於原封加熱等種種優點。現在的密封保鮮食品，使用的是合成樹脂膠膜、外層再加以鋁箔等的不透光密封袋或壓模容器（立體包），在盛裝入內容物後再予以完全密封、並施以加壓加熱殺菌，也算是罐頭的昇級版。

由於密封保鮮食品攜帶方便且容易銷毀之特性，優於罐頭數倍以上，因此自西元一九五〇年代開始，美國陸軍的研究機構即展開相關研究。實用化的密封保鮮食品，更成為西元一九六九年發射載人人造衛星阿波羅十一號所使用的太空食品。

日本的大塚食品，是最早看重美國陸軍密封保鮮技術的廠商。大塚食品委託東洋製罐研發容器，大塚化學則負責內容物的開發，就在發射阿波羅十一號前的西元一九六八年推出了「Bon Curry（美味咖哩）」。由於整袋原封放入熱水滾燙三分鐘即可食用，因而大受好評。「Bon Curry（美味咖哩）」也成為人氣熱賣商品。當時所研發的容器是採用多種塑膠膠膜所製成，最外層再施以錫箔，比起熱封法更加密封緊密，由於其運用了高分子化學技術。而後微波爐的普及，僅需加熱即能食用的密封保鮮食品更成為即食食品而被運用在各種場合。西元一九七〇年代以後包裝材料加工技術的進步、自動包裝機器的研發等，更拓展了密封保鮮食品的可能性。如今，更出現了無菌包裝的米飯類食品。

在冰箱普及的美國，當時冷凍食品已經是大眾化商品，但對日本而言卻是冰箱尚未能普及的年代，而那也是「Bon Curry（美味咖哩）」密封保鮮食品之所以熱銷的原因。

3 波及餐桌的物流革命

從連鎖商店到超級市場

為因應都市人口的集中、中產階級的增加、大量生產及大量流通，定價和退換貨制度等孕育而生，同時也為食品流通注入重大的改變。西元一八五二年設立於巴黎的拉法葉百貨（Le Bon Marché）是世界第一家百貨公司，從此之後百貨公司迅速普及，也成為都市的象徵。在歐洲都市叢生的環境背景下，百貨公司成為因應該時代所衍生兼具合理性與便利性的體制。

第一次世界大戰後，福特所大量生產的價廉大眾汽車——T型福特，徹底改變了美國的農村生活。身為愛爾蘭移民之子的福特將自己所製造的汽車，定位在行走廣闊且交通不便的美國領土時的「馬匹代用品」。畢竟在版圖遼闊的美國，少了代步工具真是諸多不便。購買汽車的人們藉汽油驅動了「馬匹」，成為「游牧民族」得以自由來往大地。

經濟急速成長的西元一九二〇年代的美國，隨著汽車、家電製品、電影和廣播網所連結形成的大眾娛樂，也衍生出大眾消費社會的新生活型態。美國的大都市多是充斥著各樣商品的百貨公司，西元一九二九年百貨公司的總銷售額超過四十億元美金，占零售商總銷售額的百分之九。

在其他方面，地方的中小型都市出現了所謂的連鎖商店，也就是同一經營業者在某一廣闊區域經營多家同規格設計的零售商店。此舉也締造出所謂的「American way of life（美式生活）」，西元一九二〇年代更堪稱是「連鎖商店的時代」。大規模的連鎖商店相繼登場，多家店鋪的展開與總公司大量進貨造就出低價販售，業者宣稱在農村也可以享受到與都市同等級的舒適生活，但也迫使傳統零售商店遭到淘汰。

在汽車普及的支援下，規格化的連鎖商店得以在農村地區大量販售價廉商品。多店舖的經營方式，再加上中央本部提供的大量直接進貨商品、人事費的縮減、宣傳的一體化等，大幅降低了連鎖店的開銷成本，徹底低價格戰策略果然成功獲取最高的利益。例如，起始於紐約州郊區的「Woolworths（伍爾沃斯）」（因號稱「五分錢與十分錢商店」而備受歡迎），靠著紅色與金色為基調的櫥窗設計成功打開日用品銷售的市場，西元一九〇〇年的店舖數是五十九家，來到西元一九二〇年則增加到一百一十一家。期間的西元一九一三年，更以現金支付、在曼哈頓打造高兩百二十二公尺的伍爾沃斯大樓，可說是賺足了財富。

西元一九二〇年代，共有八百家企業以上的連鎖店展開爭奪戰，不過世界經濟恐慌的翌年、也就是西元一九三〇年，紐約的皇后區出現了顧客進入旋轉門後可以從一排排陳列架中自由挑選商品、最後再到出口處結帳的自助式商店，也就是所謂的超級市場。

至於連鎖商店方面，低價格戰激化了與零售商、製造業者的對立，也點燃了西元一九二九年所爆發的世界經濟恐慌。反連鎖商店的運動在各地上演，西元一九三三年左右，共有二十八個州提出反連鎖商店法案，其主要內容是制限店鋪數、以及依銷售總額累進課稅。此舉令在多數個州擁有多家店鋪的連鎖商店陷入經營危機。連鎖商店不得不做出因應對策，擴大一店鋪規格而減少店鋪總數，並採用自助式銷售方式以消減人事費用。此事件也造成西元一九三〇年代以後超級市場的迅速普及。就連日本，西元一九六〇年代的經濟高度成長期也伴隨著超級市場的急速擴張。

第二次世界大戰後，冷藏、冷凍技術有了飛躍性的進步成長，促使全世界的低溫物流系統之形成，超級市場搖身變成裝扮新潮時尚的大食糧倉庫。從世界各地收集而來的食材在經過冷藏和冷凍後再分配到各地的超級市場，顧客（從郊區駕駛汽車而來的顧客）購買了大量的食材後再貯存於自家的冰箱。而那些食材都是透過肉眼看不見的巨大裝置從地球各地所匯集而來，最後又分配到各個家庭的餐桌。

拓展到全世界的日本便利商店

在汽車已成為社會化趨勢的廣闊美國，道路沿途皆設置二十四小時營業的加油站，通常也兼做便利商店，除了汽車用品外也販售最基本需求的生活用品、醫療用品、輕食類、飲料類。在國土遼闊的美國，必須依靠汽車作為遠距離的代步工具，「drug store（藥局）」這種自助式雜貨店也因而與加油站結合為一。然而在國土狹小卻依舊高度汽車化的日本，其所衍生的便利商店就與美國完全不同。

在美國，所謂的「convenience」意味著食品、日用品（「convenience 商品」），不過在日本，則是以「便利性」來解釋所謂的「convenience」。日本的便利商店採大企業投資、並以連鎖店的形式散佈全國各地，占地不大的空間裡卻備有多種品項的商品，並盡量做到年中無休且長時間（幾乎都是二十四小時）營業的服務，也因此店鋪遍及了日本全國。

西元一九六九年開設在大阪的「mammy（現在的my store）」豐中店，是日本的第一家便利商店。西元一九七四年，7—11一號店在東京都的江東區開幕，也真正開啟了便利商店的時代。西元一九八〇年代以後，大規模化、全國化的便利商店開始直接向廠商進貨，由於得以提供更便宜的商品，更是深入一般民眾的日常生活。

進入西元二〇〇〇年以後，日本的便利商店開始進出亞洲市場，尤其是中國的店鋪數急速擴張。單就上海，十年間就設立了一千家以上的店鋪。以亞洲為中心，便利商店也建構起了新型態的食品流通系統。

不過對應到歐洲的文化，諸如便利商店這種長時間營業的小販售店卻難以融入歐洲社會，儘管有些國家可以看到少數的店鋪，但至今仍無法普及。

日本型的便利商店，透過宅急便的委託、公共事業費用的代繳、票務販售、銀行ATM的設置等與當地民眾的生活緊密相連，而店內所販售的飯糰、麵類、麵包、乳製品、酒類・無酒精飲料、即食食品、冰淇淋等的冰品、點心零食類的食品，則又直接與人們的餐桌產生連結。

嶄新的神器微波爐

美國雷神公司（Raytheon Company）的雷達工程師史賓塞（Percy LeBaron Spencer）意外發現，過去以來作為通信之用的微波可以用於加熱。一切皆源於他工作時放在口袋裡的巧克力竟融化了，遂有了利用微波加熱的靈感。他所任職的雷神公司在西元一九四七年發售了世界第一台的業務用微波爐，不過第一代商品竟是高近一百八十公分的龐然大物。直到西元一九六五年才出現一般家庭用的微波爐，最初標榜為萬能烹調器，不過也只為因應「冷凍、冷藏食品的時代」、「即食食品的時代」，而後終於演變為「加熱」、「解凍」為主的烹調器具。西元一九八〇年代以後微波爐逐漸低價格化，隨著微波爐食品、冷凍食品的普及，微波爐與冰箱同為廚房的必需品。由於微波爐的普及，半調理或已調理的食品大量滲入各家庭。料理過程中最重要的部分，也從家庭移轉到食品企業的手中。

從此料裡變得極為簡便，曾經維繫起家人情感、必須使用火烹調的棘手料理，以及一家人團聚共食的場景皆起了劇變。飲食的簡便化中，也凸顯出家人間的牽絆逐漸薄弱，家庭的基本型態開始瓦解。取而代之的是，半調理或已調理食品再加熱時所需的微波爐及冰箱。冷藏及冷凍食品透過四通八達世界的網路幹線進入到每個家庭的廚房，而微波爐、冰箱則好比是其最終點的收發器。

被密封包裝在塑膠盤上的半調理或已調理食品，隨食品企業的加工而更加多采多姿，讓人們無論何時都能獨自簡單地完成用餐這件事。西元一九六一年經由冷凍乾燥技術，味噌湯也得以速食化，甚至還出現了即食的「米飯」。

微波爐可以解凍、加熱，再加上速食的熱湯，簡直是一應俱全，人們不再依賴與家人共食，反而傾向單獨進食。餐桌這個劇場，頓時有了不同的樣貌。

食品的工業製品化，也造成人類歷史所培育出的飲食感性或品味大幅退步。過去使用火烹調的料理雖需要耗費時間與精神，但也建構出以餐桌為主軸的家庭。所謂「共享同鍋飯（同住一個屋簷下）」，共食其實正是人與人之間的牽絆與信賴之根基。微波爐使得烹調這項必須攜手的共同作業衰退，人們得以單獨進食也促使人的孤立，人類長久以來孕育出的「飲食文化」漸漸分崩離析。

4　減肥與飢餓

飽食的時代

藉由低溫物流系統，冷藏、冷凍的食材可以運輸流通於全世界，大量的食糧流入了富裕的先進工業國家的都市，開啟了飽食的時代。地球上的食品紛紛被予以冷凍，大量為富裕地域所吸收的組織體制，逐漸開始發揮其功能。

陷入飽食風暴的先進國家，砂糖跳脫出與咖啡或紅茶的框架，變成了家庭的調味料，並以「肉眼無法分辨」的形式被添加入食品中，衍生出砂糖攝取過剩的飲食文化。砂糖廣泛地使用在無酒精飲料、點心零食、蛋糕、冰淇淋、速食等加工食品，造成砂糖的年生產量甚至凌駕稻米或麥類之上。堪稱是「液體糖果」也不為過的無酒精飲料、點心零食等所造成的糖分攝取過量，也帶來了肥胖的年輕化、青壯年的成人病、糖尿病等問題，為了消除肥胖，減肥變成了社會流行的趨勢。再加上，汽車、電梯、手扶電梯等的普及削減了步行的習慣，以及為調和即食食品、無酒精飲料的味道而大量使用的砂糖，都為人們營造出不健康的生活環境。西元二十世紀以前，儘管也有宗教性的斷食或素食主義，但為了消瘦而限制飲食的量或種類的減肥行為，仍是過去的人們所難想像的。減肥（diet）這個字彙，原本是指作為治療或懲罰之用的限定飲食。在過去人們始終處於慢性飢餓危機的時代，肥胖反而是一種階級地位的象徵。就這個觀點看來，「飽食的時代」可說是蘊含著某種的不健全性。

飲食的不均衡

相對地，開發中國家的傳統農村逐漸解體，大量人口不斷湧入都市，因而形成規模龐大的貧民窟，許多無家可歸的街頭兒童或人們承受著飢餓的折磨。西元二十世紀後期急速發展的開發中國家的都市化，與全球化經濟、國際性的低溫物流系統產生連結，也更加凸顯世界食糧的不均衡。

西元十九世紀，世界的都市人口僅占總人口的百分之五左右，來到西元一九二五年卻增加到百分之二十。不過，先進工業國的都市人口比率高達百分之四十，相較之下開發中國家或殖民地卻僅有百分之九。地球的都市化地域與非都市化地域，呈現出截然不同的兩個世界。

然而第二次世界大戰後，隨著殖民地體制的崩解，亞洲與非洲出現新興獨立的國家，世界各地的都市化再度蓬勃發展。以年比例百分之三的人口成長速度不斷增加膨脹的農村人口開始大量流入都市，再加上政府的工業化促進政策、經濟的全球化，海外投資或都市內部的人口增加等，都是加速新興國家都市發展的因素。

聯合國人口基金的《世界人口白皮書》指出在西元一九九〇年階段，先進國家中有百分之七十三的人口居住在都市，而開發中國家則是百分之三十七。與西元一九二五年相較下，先進國家的都市人口比率成長了一點八倍，開發中國家則是四點一倍。來到西元二〇〇〇年階段，人口四百萬以上的巨大都市共計八十二個，其中六十一個分布於發展中地域、二十一個分布於先進地域（西川潤《人口》，岩波Booklet）。由此可知，開發中國家的都市爆發性地膨脹擴大中。

工業革命時期的都市化發展，無論生活條件如何，總是伴隨著就業機會，相對地，西元二十世紀以後的爆發性都市化發展，由於是「無產業化的都市化」，大量流入都市的人口卻苦無就業機會，於是造成貧民窟的壯大。羅馬俱樂部（The Club of Rome）的研究報告《第一次地球革命》提到：「墨西哥的首都墨西哥市、巴西的聖保羅、奈及利亞的拉哥斯、埃及的開羅、印度的加爾各答，這類開發中國家對於大都市的管理極為困難，因許多都市居民都不存在於政府機關的文書證明中。他們多半居住在衛生狀況惡劣的貧民窟，無法得到政府的管理保障。所謂的都市管理，又涉及了水源的供給、健保體制、教育、失業、都市交通、公害法令等複雜因素，可說是史無前例的難題重重」（田草川弘譯）。例如印度的加爾各答，都市人口從西元二十世紀的八十萬人增加到約九百萬人，百分之六十七的人口居住在三千多處的貧民窟，無家可歸者甚至超過五十萬人。

嚴苛的現狀是，世界人口中約有兩成的人們無法攝取獲得必要的營養，每年約有一千五百萬人死於營養失調。與開發中國家的孩子相較，先進國家的孩子擁有四十倍的資源可供成長。全球性的食糧不均，也是目前飲食文化所面臨的嚴重問題，亟待解決。

仰賴石油的餐桌

第二世界大戰後，農業生產力突飛猛進。西元一九八七年的食糧生產量，比起世界人口所需的卡路里還上揚了百分之十九。不過，在食糧統計的一百七十三個國家中，穀物自給率超過百分之百的還不到三十二個。日本是世界第一大的穀物進口國，進口量遠超過第二位墨西哥的兩倍之多。

西元一九五〇年左右以前，農業生產量的增加都仰賴開墾所造成的農地擴大。然而，往後的農業產量激增，則歸功於石油或天然氣合成的化學肥料。固著、積蓄著太陽能量的化石燃料石油，在潛移默化中支撐起我們的餐桌。

肥料讓連年栽培小麥、玉蜀黍等作物而剝奪的土壤養分，得以恢復土地的生機。不過，存在於自然界的肥料畢竟有限，所以必須仰賴化學肥料的合成。化學肥料的合成，始於第一次世界大戰前夕。西元一九〇八年，德國卡斯魯爾大學的物理化學教授哈伯（Fritz Haber）發表了氮氣與氫氣結合可以合成製造出氨氣的論文。其原理是利用氮氣的沸點低於氧氣，得以從液態空氣中收集到氮氣，然後這些氮氣再與電氣分解中獲得的氫氣化合。不過，化合時需要五百度的高溫與每平方公分相當於兩百公斤的高壓（兩百氣壓），在當時建造如此條件的反應爐是相當困難的事。最後在德國最大的巴斯夫化學公司（BASF）的技師博世之協助下，終於克服了困難。第一次世界大戰前夕的西元一九一三年，兩人在奧堡（Oppau）的工廠完成了氨氣的合成。直到第一次世界大戰後，才利用合成氨的技術大量生產化學肥料「硫酸銨」。

有效率地恢復土壤生機、並得以連年栽種農作物的「硫酸銨」，成為世界上可以快速增加收穫的「魔法之粉」。發明合成氨的德國化學家哈伯在西元一九一八年榮獲諾貝爾化學獎，提供協助的博世也在西元一九三一年獲得同樣獎項。二十世紀的農業就在「硫酸銨」等化學肥料的協助下，足以供應急速增加的都市所需。不過，過度依賴威脅自然生態的化學肥料，卻也變成人類必須面對和解決的問題。

羅馬俱樂部（The Club of Rome）在刊載於西元一九九一年的研究報告《第一

次地球革命》中提到：「製造一噸的氮氣肥料，需要一噸的石油或同等於石油的天然氣。石油可製造除草劑或殺蟲劑，也是發動耕作機或灌溉幫浦所需的能源。西元一九五〇至一九八六年間，平均每人的肥料消耗量從五公斤增加至二十六公斤。同時，平均每人的農地面積則從原本的零點二四公頃減少為零點一五公頃。大體來說，此現象也顯示世界食糧生產的增加，是愈來愈多的石油伴隨著植物光合作用的過程，才讓那些植物得以轉化為穀物。（田草川弘翻譯）」。

如研究報告所敘述的，若無石油或天然氣所製造的化學肥料，農田的生產力也難以維持下去，更不可能餵飽現在超過六十億的地球人類。曾幾何時穀物以及餐桌上許多的食材都必須仰賴石油，但也與既有的自然界產生了莫大的隔閡。

支配餐桌的「第二個自然」

西元十九世紀至二十世紀期間，出現肉牛、肉雞的大量飼養，來到二十世紀末又急速發展出魚的養殖。就連蛋白質來源，也有了型態上的改變。過去這些來自大自然恩惠的食材，不知不覺轉變成人工得以生產的食材。長久以來人類的飲食生活始終仰賴豐富大自然的再生力，但西元二十世紀以後卻有了莫大變貌，半數的食材皆取自加工的自然（第二個自然）。

不過，人類真的可以持續仰賴第二個自然嗎？牛肉的BSE（狂牛病）問題、備受禽流感威脅的肉雞，皆暗示著依存第二個自然可能衍生的危機與險惡。

近年來，魚也傾向人工養殖。西元一九七〇年左右漁獲量成長了兩倍，年間魚獲量上達約一千三百萬噸。由於透過全球化的低溫物流系統，冷凍即能遠距離且大範圍地大量販售魚類，因而造成濫捕的情況。然而漁業結構的變化，卻也波及日本的餐桌。以豐富魚食文化為傲的日本，曾經也是水產大國，在西元一九七七年制定「二百海浬水域」的前一年，日本的水產物出口額是世界第一，來到西元一九八〇年代出口銳減，現在自給率僅占百分之五十七，反而是世界最大的海鮮進口國。於是，日本餐桌也開始出現來自世界各地的魚類。

另一個莫大變化則是養殖的激增。低溫物流系統所引發的「飲食的第四次革命」，一舉擴大了魚類的養殖。總而言之，西元一九七〇年代初期餐桌上的魚多半是取自大自然，但全球的養殖量增加後，約九成的海帶等海藻類、三成的海鮮皆來自養殖生產。儘管餌料供給及養殖環境惡化的問題不斷，卻仍無法改變養殖的擴張需求。

提到養殖，對日本來說第一個想到的就是養殖依存率占了九成的蝦類，但就全世界來說，則以鮭魚和鱒魚為最大宗。

西元一九八〇年代南半球以南極磷蝦為餌開始了鮭魚的養殖，西元一九九〇年代挪威、蘇格蘭、智利、紐西蘭、塔斯曼尼亞島等利用低溫物流系統的輸出，開始了大規模鮭魚和鱒魚養殖。西元二〇〇一年，養殖的鮭魚和鱒魚約占總生產量的三分之二。

鮭魚的養殖是採一欄框內飼養數萬尾鮭魚的密集養殖方式，因而容易寄生海虱（超小型的水母）等，為了除去那些寄生蟲則必須施予數十種的藥劑，同時為了降低成本則使用高濃度的飼料，並且為了魚肉呈現鮮艷的色澤也必須餵養化學物質等。工業化的鮭魚隨著大量生產，也逐漸成為危及人類健康的一大危機。儘管如此，近年來西班牙、克羅埃西亞、義大利、澳洲、日本仍開始了鮪魚類的養殖。

餐桌這個小型的大劇場，是上演著經過漫長歲月形成的世界飲食交流史的舞台，也是反映出地球現狀與未來人類社會的明鏡。每日眾多的食材與料理被端上餐桌，藉此不斷地以最日常的方式演出全世界的人類的軌跡。只要時時觀察餐桌的世界，不難發現其微妙反映出了人類的過去、現在及未來。因為，餐桌就是個小型的大劇場。

參考文獻

安達巌《日本型食生活の歴史》新泉社 二〇〇四年
安達巌《たべもの伝来史》柴田書店 一九七五年
アマール・ナージ 林真理／奥田祐子／山本紀夫訳《トウガラシの文化誌》晶文社 一九九七年
アレキサンダー・キング／ベルトラン・シュナイダー 田草川弘訳《第一次地球革命ローマクラブ・リポート》朝日新聞社 一九九二年
アントニー・ローリー 富樫理子訳《美食の歴史》創元社 一九九六年
アンドリュー・ドルビー 樋口幸子訳《スパイスの人類史》原書房 二〇〇四年
石毛直道編《世界の食事文化》ドメス出版 一九七三年
石毛直道編《論集 東アジアの食事文化》平凡社 一九八五年
石毛直道／森枝卓士《考える胃袋》集英社新書 二〇〇四年
石毛直道《食卓の文化誌》岩波現代文庫 二〇〇四年
石毛直道《食卓文明論》中公叢書 二〇〇五年
ヴォルフガング・シヴェルブシュ福本義憲訳《楽園・味覚・理性─晴好品の歴史》法政大学出版局 一九八八年
宇田川悟《食はフランスに在り》小学館ライブラリー 一九九四年

江後迫子《南蛮から来た食文化》　弦書房 二〇〇四年
エリック・シュローサー　検井浩一訳　《ファアストフドが世界を食いつくす》　草思社　二〇〇一年
太田静行《魚醤油の知識》　幸書房一九九六年
大貫恵美子　《コメの人類学—日本人の自己認識》　岩波書店　一九九五年
大場秀章《サラダ野菜の植物史》　新潮選書 二〇〇四年
岡田　哲編《世界の味探求事典》　東京堂出版　一九九七年
岡田　哲編「食の文化を知る事典」　東京堂出版 一九九八年
岡田　哲編「世界たべもの起源事典《》　東京堂出版 二〇〇五年
奥山忠政《ラーメンの文化経済学》　芙蓉書房出版 二〇〇〇年
加藤裕子《食べるアメリカ人》　大修館書店 二〇〇三年
川勝平太《日本文明と近代西洋》　ＮＨＫブックス 一九九一年
ケイティ・スチュワート 木村尚三郎監訳 《料理の文化史》　学生社 一九九〇年
小泉武夫《人間はこんなものを食べてきた》　日経ビジネス人文庫 二〇〇四年
小泉和子《台所道具いまむかし》　平凡社 一九九四年
小菅桂子《カレーライスの誕生》　講談社選書メチエ 二〇〇二年
桜沢琢海《料理人たちの饗宴—西洋料理のルーツをさぐる》　河出書房新社 二〇〇二年
鯖田豊之《肉食の思想—ヨーロッパ精神の再発見》　中公新書一九六六年
鯖田豊之《肉食文化と米食文化》　中公文庫 一九八八年

篠田 統《中国食物史》 柴田書店 一九七四年
ジャン・フランソワ・ルヴェル 福永淑子／鈴木田聞訳 《美食の文化史》 筑摩書房 一九八九年
周達生《中国の食文化》創元社 一九八九年
シルヴィア・ジョンソン金原瑞人訳 《世界を変えた野菜読本》 晶文社 一九九九年
ソフィー・D・コウ／マイケル・D・コウ 樋口幸子訳 《チョコレートの歴史》 河出書房 新社 一九九九年
玉村豊男 《料理の四面体》 鎌倉書房 一九八〇年
譚璐美 《中華料理四千年》 文春新書 二〇〇四年
張競 《中華料理の文化史》 ちくま新書 一九九七年
塚田孝雄 《食悦奇譚》 時事通信社 一九九五年
塚田孝雄《シーザーの晩餐》 朝日文庫 一九九六年
津村 喬《食と文化の革命》 社会評論社 一九八一年
鶴田 静 《ベジタリアンの文化誌》 中公文庫 二〇〇二年
中尾佐助 《栽培植物と農耕の起源》 岩波新書 一九六六年
中尾佐助 《料理の起源》 ＮＨＫブックス 一九七二年
21世紀研究会編 《食の世界地図》 文春新書 二〇〇四年
熱帯農業研究センター編 《熱帯の有用作物》 農林統計協会 一九七四年
ピーター・ジェームズ／ ニック・ソープ 矢島文夫監訳 《古代の発明》 東洋書林 二〇〇五

年
ピエール・ラズロ 神田順子訳 《塩の博物誌》 東京書籍 二〇〇五年
フェリペ・フェルナンデス＝アルメスト 小田切勝子訳 《食べる人類誌》 早川書房 二〇〇三年
舟田詠子 《パンの文化史》 朝日選書 一九九八年
プリア＝サヴァラン 関根秀雄／戸部松実訳 《美味礼讃 上・下》 岩波文庫 一九六七年
ブリュノ・ロリウー 吉田春美訳 《中世ヨーロッパ食の生活史》 原書房 二〇〇三年
辺見庸 《もの食う人びと》 角川文庫 一九九七年
星川清親 《栽培植物の起原と伝播》 二宮書庄 一九七八年
マーヴィン・ハリス 板橋作美訳 《食と文化の謎》 岩波書店 二〇〇一年
マグロンヌ・トゥサーン＝サマ 玉村豊男監訳 《世界食物百科》 原書房 一九九八年
南直人 《ヨーロッパの舌はどう変わったか 一九世紀食卓革命》 講談社 一九九八年
本山荻舟 《飲食事典》 平凡社 一九五八年
森枝卓士／南直人編 《新・食文化入門》 弘文堂 二〇〇四年
柳田友道 《うま味の誕生》 岩波新書 一九九一年
山崎正和 《室町記》 朝日新聞社 一九七四年
吉田豊 《食卓の博物誌》 丸善ライブラリー 一九九五年

後記

民俗學者柳田國男相當重視對實際生活有所助益的「歷史智慧」，因而為其命名為「史心」。「史心」，儘管是聽來陌生的詞彙，其實意味著一種得以意識到我們生活四周的物質、體制，或內部存在的「變化」之能力。換言之，能察覺到構成人類生活的日常物質或體制中蘊涵著「變化」，並得以從中解讀出歷史的感知能力。若能理解延續至今的物質或體制之變化過程，也說明在某種程度下即能預測出其變化是否延續到現在、甚至未來，還有其變化的方向性。

我認為物質是連結過去與現在的媒介，以生活周遭之物作為素材、思考歷史的過程，應是養成歷史的感知能力所不可或缺之要素。正是基於餐桌這個「生活的場所」，存在著可以思考變化過程的素材，我們才得以將餐桌比擬為劇場，流過餐桌的食材或料理則宛如訴說著「世界史」。本書試圖從所謂世界史的巨大框架出發，透過食材與料理，以全球性的角度敘述文明．文化的交流與變容的過程。每天與我們面對面的餐桌，本身就是個知性冒險的寶庫。

許多歷史書籍重視的是過去的政治、社會經濟，然而事實上，「過去」並非「入口」。既然認同造就我們生活舞台（world）的是「現在」與「近未來」，那麼就不能僅依靠過去的文獻史料，而必須活用橫跨漫長歷史、持續存在至今的物質、體制、習慣，以作為思考歷史的線索。

每日、每日餐桌上出現的食材或料理，背後皆隱藏著肉眼看不見的移動空間或履歷的變化。當觀點改變時，餐桌也銳變成猶如神奇的「小型大劇場」。若能察覺不能言語的食材、料理其實蘊含著豐富的歷史，相信日常生活也能散發出更加不同的色彩。

國家圖書館出版品預行編目 (CIP) 資料

餐桌上的世界史 / 宮崎正勝著 ; 陳柏瑤譯 . -- 三版 . --
新北市 : 遠足文化 , 2018.08
面 ; 公分
全新插畫版
譯自 : 知っておきたい「食」の世界史
ISBN 978-957-8630-63-5(平裝)
1. 飲食風俗 2. 世界史

538.78 107011529

餐桌上的世界史（全新插畫版）

作者——宮崎正勝
譯者——陳柏瑤
執行長——陳蕙慧
行銷總監——陳雅雯
總編輯——張惠菁
副主編——賴虹伶
責任編輯——洪仕翰、陳詠薇
封面設計——盧卡斯
排版——簡單瑛設

出版者——遠足文化事業股份有限公司（讀書共和國出版集團）
地址——231 新北市新店區民權路 108-2 號 9 樓
電話——(02)2218-1417
傳真——(02)2218-2027
電郵——service@bookrep.com.tw
郵撥帳號——19504465
客服專線——0800-221-029
部落格——http://777walkers.blogspot.com/
網址——http://www.bookrep.com.tw
法律顧問——華洋法律事務所 蘇文生律師
印製——呈靖彩藝有限公司

ISBN 978-957-8630-63-5
三版一刷 西元 2018 年 10 月
三版七刷 西元 2023 年 10 月
Printed in Taiwan